埔農筆記

靈性

人有人性，
獸有獸性。
人性本是靈性。
因功利主義盛行，
社會貪、嗔、癡氾濫，
人受影響不等，
靈性損失不一。
真實智慧之人，
盡力修持靈性，
享受和諧樂福。
個人缺少靈性，
離不了苦難。
人類喪失靈性，
免不了毀滅。

目 次

第一回

飄蕩之氣凝聚成氣聚靈

氣聚靈：「嗨！你好！」

「你好！」

氣聚靈：「你突然見到我，看起來似乎並沒恐懼，也不緊張。」

「我是沒有恐懼，也不太緊張。我行事用心，又不作惡，應不會招惹人為禍害。若人為禍害如天災或意外，是屬個人所不能控制，我會盡力避開，難以避免時，我一向平靜以對。面對新遇處境，我是自然油生機警，此時即是，因為你看似一團迷霧，我未曾有過面對這般場景的經驗。」

氣聚靈：「你當然不曾有過這樣的經驗，因為我是剛形成的。」

「剛形成的？」

氣聚靈：「是的。我是台灣自然界的飄蕩之『氣』因緣凝聚而成。你可稱我為氣聚靈。」

「那，你應該不是自然人。難道你是鬼或神？」

氣聚靈：「嚴格講，自然界並無鬼或神。所謂的鬼、神，是人類對無知境界之恐懼與盼望所想像出來的。」

「那麼，你是如何形成？又從何而來？」

氣聚靈：「萬物皆各自有『氣』，『氣』是可散發的微質量。萬物散發的『氣』飄蕩，氣息雖微弱，仍相互有影響力在。這是萬物各自存在，卻互相影響的根源。生物的『氣』比非生物的『氣』重多了，人類的『氣』更是生物界中『氣』最重的。生物於生活中，隨時選擇性地吸收環境之『氣』轉化為己氣，『己氣』再散發於環境之中。生物生命結束時，『己氣』式微，但已散發之『氣』仍會持續飄蕩。各式各樣的『氣』在飄蕩中，有時互相排斥，有時相互吸引。同質性的『氣』易凝聚，差異大的『氣』易相斥而散去。但這並非永遠的定律，因緣仍時有變化，就如水分子凝聚的雲朵，有可能飄散，也可能再凝聚而重組。當大量的同質性『氣』因緣而緊密凝聚時，

緊密凝聚的『氣』就可經由並聯強化、串聯相乘，繼而表現靈性。我就是這樣的氣聚靈。」

「好吧，但我又是如何來到這裡和你相見的呢，這裡並不是任何一個我所曾認知的地方。」

氣聚靈：「是我來到你的潛意識裡了。」

「我的潛意識？那我是在做夢了？」

氣聚靈：「不，你不是在做夢。夢境是非意識主導的腦部自由活動（睡眠時的快速動眼期內）。我們的相見和對話是潛意識的自主活動，潛意識是一種不受現時環境和情緒干擾的意識，仍是自主認知的意識，非夢境。」

「那，你為何現在才找上我？又怎麼會出現在我潛意識裡？」

氣聚靈：「我是剛因緣凝聚成的氣聚靈。我部分的原飄蕩之『氣』中，與你散發出之『氣』同質性很高，因緣而大量凝聚。是剛形成，所以現在才和你在潛意識裡相見。我這氣聚靈有百分之九十五是與你自己所散發之『氣』同質性，我可以說幾乎是你，雖然不完全是。而我這氣聚靈雖有感應，但並無尋常的物質性，所以並不能出現於你與物質環境相互回應的生活之中（所謂清醒之時），只能在你的潛意識裡和你溝通（睡眠時的淺睡期內或精神完全沉靜的狀

態）。」

「那麼，你其餘的百分之五成份又是來自何方？」

氣聚靈：「與你散發之『氣』相凝聚之前，我原是飄蕩之『氣』。我並不確定已存在多久，有幾千年，甚至於幾萬年吧。從前有一段很長的時間，我一直是以紮實的氣聚靈存在，當時與我同類的氣聚靈充滿台灣（Paccan）。四百多年前，開始有嗆辣的異氣入侵台灣，此類嗆辣異氣越聚越多，逐漸將各原有的眾多氣聚靈打散回飄蕩之『氣』，不少飄蕩之『氣』甚至飄渺。我這氣聚靈也許因為原本就比較紮實，雖然後來也被打散回飄蕩之『氣』，但未曾飄渺。期間，我這飄蕩之『氣』有折損、有再充實，所以我無法簡化地告訴你我的原飄蕩之『氣』是來自何方。只能說，我原是飄蕩於台灣（Paccan）已久之『靈氣』。現在有幸，因緣而和你散發出的同質性『氣』相遇，才得以再緊密凝聚，進而重新充實成氣聚靈。我的原飄蕩之『氣』，也不是僅占我現在這氣聚靈的百分之五，是我原飄蕩之『氣』的百分之九十五與你散發出的『氣』同質性而相凝聚，這凝聚氣緊密充實，才出現我這氣聚靈。」

「這樣的話，你可以說是台灣之靈氣？」

　　氣聚靈：「不能說是台灣的全部靈氣，是殘存的部分台灣靈氣。」

　　「既然你那原飄蕩之『氣』已存在於台灣有幾千年，甚至於幾萬年，你可以告訴我更多原台灣史實嗎？」

　　氣聚靈：「我雖是由原Paccan的飄蕩之『氣』再凝聚形成的氣聚靈，但我原Paccan氣聚靈曾被打散，已非完整的原Paccan氣聚靈。我存有的原Paccan靈氣不全。而且，我這氣聚靈只有感應，並無實質的物質性情況。我現在看似能和你交談，事實上是以感應的方式在交流，是你以你所熟悉的語言形式認知而已。原台灣史實需你或你們自然人本身努力去發掘，我這氣聚靈只能夠幫助提醒你自己的認知、強化你對台灣靈氣的感應。你自己必須先有這些基本認識，當你因受現時環境或雜念干擾而一時思緒糾纏時，我才得以發揮提醒的作用，助你濾清正確的理性思緒。其實，我和你的交談，類似你和你潛意識的對話，雖然不完全是。」

　　「我知道了。遭遇到你，又作了交談，這些都是我以前無法想像的。我不禁聯想到，宇宙浩瀚，我難以想像的事理太多、太多了！再想到，有人自以為能力、才智過人，自以為了不起而盛氣凌人，實在可

笑！」

　　氣聚靈：「是的，宇宙浩瀚，人非常、非常的渺小。人類的所有知識和智慧，都必須依賴世代眾人持續的和諧累積。個人再如何聰穎、再怎麼努力，相對還是極其無知。所以，人生在世，必得謙虛，也只能謙虛。若有人志得意滿而驕氣凌厲或傲氣逼人，那真是可笑又可悲！」

　　「談到浩瀚宇宙，我不禁又想到：現代天文物理學家，都以137.98億年前從太初狀態的所謂大爆炸（Big Bang），描述現在宇宙的初始和後續的演化，以及宇宙現在還繼續膨脹的事實。並以宇宙遠方電磁波波長一直不斷紅移（紅移【Redshift】是指物體發出的電磁波輻射，由於重力影響或物體和觀察者之距離持續拉長，觀測到的波長會有增長之現象。宇宙紅移是由於宇宙空間持續在膨脹，使天體發出的光波，在地球觀測時，得到其波長有被拉長之結果）的現象，以及溫度為均勻3K（指的是絕對溫度2725.48±0.57度。絕對零度是零下273.15度C）的宇宙早期背景輻射遺跡，證實所謂大爆炸是這宇宙起源的理論。這不禁讓我想到一個有趣的問題：宇宙既是起源於太初狀態的所謂大爆炸，那太初狀態是怎麼樣的一個狀態？宇宙的太初狀態又是怎麼來的？」

　　氣聚靈：「宇宙的太初狀態是『零』，就是什麼都沒有的【真『真空』】狀態。」

　　「什麼都沒有？」

　　氣聚靈：「是的！什麼都沒有是零。事實上，世上萬事、萬物都是不穩定的。宇宙原始的零，也並非是穩定的零。這零一直在變動，但總和還是零！」

　　「既然什麼都沒有，那零何來變動？又何來的所謂大爆炸？」

　　氣聚靈：「零雖是什麼都沒有，但同等量的一正和一負相加就等於零。所以當零變動時，就可存在同等量的一正和一負。現代天文物理學家所謂的大爆炸，就是宇宙太初狀態什麼都沒有的零變動之時，當一正和一負分開而同時存在的擴散現象。即是說，當宇宙原始的零變動為同等量的一正和一負時，也就是發生現代天文物理學家所謂的大爆炸之時。」

　　「那麼，現代天文物理學家所謂的大爆炸，就是當宇宙原始『零』變動為同等量的一正和一負時，一起存在的現象？」

　　氣聚靈：「是的，任何所謂的變動，不可能僅存在單一現象。變動而生成一現象時必同時存在另一現象，這是自然不變的定律。宇宙原始『零』變動為同等量之一正和一負的同時，一起存在的現象就是

『擴散現象』。這擴散現象是所謂宇宙膨脹的原由，被現代天文物理學家稱為所謂的大爆炸。」

「『零』可變動為同等量一正和一負，這我能理解。可是，又怎麼多出一個『擴散現象』呢？『擴散現象』的能量又是怎麼來的？」

氣聚靈：「『擴散現象』是一種狀態的存在，原非能量。但擴散現象既已存在，要抑制這狀態，就需要力量。就好像空氣中的氣體分子，本身存在著不停運動的狀態（現象），要改變這種氣體分子不停運動的狀態（現象），就必須有外力施加其上。而『擴散現象』是隨宇宙原始『零』的變動，與同等量的一正和一負同時發生、同時存在。若沒有『擴散現象』，這同等量的一正和一負是不可能發生的。因為，若沒有『擴散現象』，這同等量的一正和一負沒分開，還是保持在原始的零。同等量的一正和一負既已發生，就必然同時存在『擴散現象』。」

「我知道了。現代天文物理學家之所以稱這起始宇宙的擴散現象（起始膨脹）為所謂的大爆炸，是因為這宇宙的起始擴散現象存在著正能量的極高溫，人類知覺的所謂爆炸，都存在高溫。」

氣聚靈：「所謂溫度是經比較後的相對知覺或現象。當宇宙原始『零』起變動，出現這一正、一負

的現象是兩極化的，若這負能量的溫度定為絕對低溫或絕對零度（零下273.15度C），那這一起存在之正能量的溫度就可視為絕對高溫（現今人類所能測得的最高溫度是5.1億度C。該溫度是1994年5月27日，美國新澤西州普林斯頓等離子物理實驗室，從托卡馬克核聚變反應堆中測得的，這就已比太陽的中心約再熱30倍。絕對高溫應該更高出非常多，推測應有10億度C）。這所謂絕對零度（負能量）和絕對高溫（正能量），是宇宙原始『零』起變動之初，同時存在的兩極現象。」

「這我可以理解。但，既是從什麼都沒有的零變動而來，怎麼會變動成如此浩瀚無邊的宇宙呢？」

氣聚靈：「零其實是緊鄰著無限大。試想看看：『零』是什麼都沒有，只要存在『有』，不論這『有』是多大或多小，對『零』而言都是無限大。何況所謂的大或小，是經由比較來認定的。就因為人在宇宙內實在太渺小了，自然感覺這宇宙實在太巨大又浩瀚。就如一隻狗體內的微小細菌，當然感覺這狗體巨大無比、浩瀚無窮。若由人看來，狗就是這麼大而已，有什麼好驚奇的。這是『相對論』道理的初級表示！」

「這我也可以理解！但是，既然現今宇宙是由

零之變動而來，那表示現今宇宙有同等量的一正和一負同時存在囉？」

氣聚靈：「是的，我知道你可以理解。我幾乎是你嘛！」

「可是，若同等量的一正和一負同時存在，那不是瞬間又歸零了嗎？」

氣聚靈：「剛才談過，這同等量的一正和一負既已發生，就必然存在擴散現象。若無擴散現象的同時存在，這同等量的一正和一負就不可能發生。擴散現象就好像分別拉著這一正和一負往外衝一樣，同等量的一正和一負各自移動中，就不會立即中和。更何況，宇宙的時間概念不能以人類所感知的時間觀念來衡量。由於人類相對於浩瀚宇宙而言，實在太、太、太渺小了，浩瀚宇宙的瞬間變化，依人類所感知的時間觀念而言，已是無法想像的久、久、久遠。這也是『相對論』的道理。」

「經你解說，此種『相對論』的道理我也可以理解。但是，宇宙太初狀態的零，因變動生成同等量的一正和一負時（同時有擴散現象，即所謂的大爆炸），這同等量的一正和一負，是如何形成現今的宇宙呢？又怎麼能同時存在於現今宇宙呢？」

氣聚靈：「宇宙太初狀態的零，因變動生成同

等量的一正和一負時（同時有擴散現象，或所謂的大
爆炸），初時僅是以能量的態勢表現。正能量有依偎
性，負能量有斥離性。由於正能量本身的依偎性，正
能量遂得以大量凝聚成微質量（利用了極高溫的熱
能），微質量同時降溫。微質量是由有依偎性的正能
量而來，微質量就帶有依偎性聚集的所謂『萬有引
力』。微質量再凝聚成微物質，又利用了很多熱能，
微物質溫度繼續下降。微物質再凝聚成原子的各種分
別成分，利用了更多熱能，構成更穩定的原子，穩定
原子的溫度就更低了。相對的，溫度更低，原子更穩
定，當原子接近所謂的絕對零度時，這原子就幾乎不
動了。人類所認知的物質，就是由各式各樣的穩定原
子組成。光子和其他各種所謂電磁波都是微物質的一
種，然而光子和其他各種所謂電磁波的自主穩定性
高。某些原子受到激發時，較易進行質能轉換，釋放
熱能以及光子和其他各種所謂電磁波的輻射線，釋放
出的熱能和各種輻射線也可再被其他適合的物質吸
收。所以，所謂的物質，事實上是由非常龐大的正能
量經過一連串凝聚程序而來，也所以有質能不滅的定
律！是有一些原子的部分質量和微物質，內聚穩定性
不強，即易主動釋放出這些內聚穩定性不足的質量和
微物質，以達到較穩定的原子狀態。穩定性不強的原

子即是所謂的同位素。不穩定同位素原子，蛻變成較穩定原子時，釋放出正能量（由原子質量而來）以及各種所謂輻射線和電磁波等微物質。此釋放出的正能量，是以熱能散發。人為的促進不穩定同位素原子蛻變或熔合，就是所謂的原子反應或核反應。人為的原子反應或核反應相對劇烈很多，所釋放的熱能和所謂輻射線或電磁波等微物質就非常大量，甚至釋出非常不穩定的所謂基本粒子以及電子、中子、質子。」

　　「我明白了。那，宇宙中同等量的負能量呢？」

　　氣聚靈：「負能量因有斥離性，自從現代天文物理學家所謂大爆炸的變動（擴散現象）後，負能量一直均勻分佈於浩瀚宇宙中，無處不在。」

　　「既然負能量無處不在，那麼，屬正能量的物質，怎麼沒被負能量中和而逐漸消失呢？」

　　氣聚靈：「之前說過，擴散現象使這一正和一負各自移動，不會中和。只有當這宇宙回到次起始狀態時，擴散現象不再存在，這一正和一負才會瞬間中和，同時完全消失。」

　　「因為大多數正能量已凝聚成穩定的高濃度物質，就成點狀分佈於這充滿稀疏負能量的宇宙中？」

　　氣聚靈：「是的。」

　　「也所以，物質和物質之間遠距離的『萬有引力』或磁力，就是藉由這浩瀚宇宙中無處不在，且均勻分佈的負能量當介質傳遞。光（子）和所謂輻射線和電磁波等微物質的向外移動、傳播，則是穿透這負能量時，引起應力而產生波動？」

　　氣聚靈：「是的。」

　　「我瞭解了。這時令我想到於19世紀盛行的『乙太』學說。均勻分佈於浩瀚宇宙中的負能量，是不是就是所謂的『乙太』？」

　　氣聚靈：「乙太（Luminiferous aether、aether或 ether）一詞，來自古希臘哲學家亞里斯多德所假想的一種物質。19世紀，物理學家們（虎克等）逐步發現光是以波的形態前進，而生活中所知的波都是經由介質傳播的（如聲波，需要藉助於空氣或其他介質的應力來傳遞；水波的傳播，則是由於水的液體移動性，受到力量時，產生應力而傳遞）。笛卡爾認為：物體之間所有的作用力都必須透過媒介來傳遞，並不存在所謂的超距作用力。因此，宇宙空間中不可能是一無所有的。牛頓雖不明瞭光的波動性，還是同意笛卡爾的理論，認為宇宙中應存在且充滿著一種『穩定的靜止系』，因此能傳遞各種不同作用力（如磁和重力等）。這種『穩定的靜止系』雖然無法被人所感

知，但卻能傳遞作用力，例如磁力以及月球對地球潮汐的作用力（萬有引力）。牛頓也認為這種『穩定的靜止系』可以傳播震動。因受古典哲學的影響，就將這種『穩定的靜止系』稱為『乙太系』。其他觀察者所測量到的光速，認為應該是在『乙太系』裡的光速，是在『乙太系』裡光的向量。」

「看起來，『乙太學說』的『乙太』屬性，就如同均勻分佈於浩瀚宇宙中的負能量。所以，乙太指的應就是這負能量？」

氣聚靈：「是的。雖然現代科學家並不瞭解宇宙起源的實際原情，但依研究宇宙現狀之發現，其所作的推論是正確的。」

「但20世紀不少物理學家們，因為無法感知或測量『乙太』，就大膽拋棄了乙太學說。愛因斯坦就是其中最著名的一個。」

氣聚靈：「愛因斯坦是對物理學有很大的貢獻，但他的錯覺也不少。愛因斯坦堅持光速不變是基本原理，並以此為出發點之一，創立相對論。愛因斯坦原先的『相對論』是狹義的。」

「對不起，瞭解到這裡，我不得不想到：你是由原台灣飄蕩之『氣』與我散發出的同質性『氣』緊密凝聚，進而重新充實成的氣聚靈。這是我以前無法

想像的。那麼，這『氣』是前述的那一種屬性？」

氣聚靈：「這『氣』是微質量。」

「僅是『微質量』，未達微物質之境界？」

氣聚靈：「是的，所以我說過：我這氣聚靈只有感應，並無實質的物質性情況。我現在看似能和你交談，事實上是以感應的方式在交流，是你以你所熟悉的語言形式認知而已。我這氣聚靈只能夠幫助強化你的感應、提醒你自己的認知，不可能有其他任何物質性的作為。也因為『氣』是微質量，『氣』本身並不很穩定，所以，若周圍缺乏濃密的同質性『氣』相扶持，屬微質量的『氣』，容易逐漸飄蕩、消散。」

「談到這裡，我甚感奇怪！現在的21世紀，大家都說人類科學昌盛、文明進步。但是，現代天文物理學家們，自發現宇宙是從太初狀態的所謂大爆炸而來之後，就似乎對宇宙的太初狀態是什麼，宇宙的太初狀態為什麼會有大爆炸，都不再聞問。」

氣聚靈：「在所謂的現代文明裡，有神格信仰的人，傾向不主動挑戰『神創造世界、神主宰世界』的神說。沒有神格信仰的人，傾向實知實用，對非現時的景況，也許偶爾好奇，卻較少費心思索。所以，現代天文物理學家們，會有『宇宙是起源於太初狀態的所謂大爆炸』之結論，是依觀察、研究宇宙現時景

況的發現，加以推斷，才作出結論的。並非得自現代
天文物理學家們主動對宇宙起源有興趣的探討。」

「現在的所謂宇宙，既然只是太初狀態零之變
動中的一小段時況，那麼，現在的所謂宇宙，未來勢
將消失，又要如何消失呢？」

氣聚靈：「這隨零之變動而存在的擴散現象，
促使現時宇宙表現出擴展（即所謂的宇宙膨脹）。當
宇宙擴展到盡頭時，現在的所謂宇宙不再繼續擴展
（膨脹），勢將回縮，循原擴展（膨脹）路徑退回到
什麼都沒有的『零』之太初狀態。」

「等等，擴展（即宇宙膨脹）的現象沒了，或
所謂起始大爆炸的膨脹到了盡頭，宇宙將會回縮？」

氣聚靈：「是的。」

「但是，不論擴散現象促成的宇宙擴展或所謂
起始大爆炸的膨脹既已存在，若沒有外來力量施加其
上，這擴展或膨脹現象如何會消失呢？」

氣聚靈：「這隨宇宙原始『零』變動而存在的
擴散現象（所謂的起始大爆炸）促使這宇宙持續擴展
（或稱宇宙膨脹）。這是立體狀擴展（膨脹），所以
其擴展（膨脹）的速度（或力道）因做立體狀分散，
會隨距離的立方成反比。當擴展（膨脹）現象持續下
去，擴展（膨脹）的速度就以負立方遞減，最後會達

到接近停頓狀態。」

「這我可以理解，擴展（膨脹）現象因持續膨脹是會使擴展速度（或力道）遞減。但是，這宇宙擴展的速度（或力道）只是會持續遞減，最終只會逐漸接近於零，擴散現象還是存在，這宇宙怎麼回縮？」

氣聚靈：「沒錯！當宇宙擴展現象的膨脹速度（或力道）逐漸遞減，這宇宙擴展（膨脹）的速度（或力道）雖逐漸接近於零，但擴散現象還是存在的。然而，宇宙同時還存在著正能量依偎性展現的所謂萬有引力，這萬有引力是隨正能量而等值存在。質量是由正能量因正能量的依偎性穩定凝聚而來，質量再凝聚成密度更高、內聚力更強的微物質。微物質組成的物質更是非常穩定了，也表現明顯的萬有引力（由正能量的依偎性相加而來，和相對距離的平方成反比）。於是，大量物質密集成宇宙中點狀散佈的星塵和星體。各星系的恆星、行星、衛星相互以所謂的萬有引力為向心力，以持續移動為離心力，各自成立相對穩定的星系。散佈在充滿而相對非常稀疏之宇宙負能量中的各星系，同時令這宇宙充滿萬有引力。當宇宙繼續快速擴展（膨脹）時，星系間『萬有引力』的相互拉力被宇宙的快速擴展（膨脹）現象所抵消。對快速擴展（膨脹）的宇宙而言，這時的萬有引力相

對不明顯。但當宇宙擴展（膨脹）的作用力遞減到接近與萬有引力平衡的臨界點時（擴展現象（宇宙膨脹）的作用力和相對距離的立方成反比，而萬有引力的作用力是和相對距離的平方成反比。所以，比較之下，宇宙持續擴展（膨脹）時，擴展現象（宇宙膨脹）所存在之作用力的遞減，會比萬有引力所存在之作用力的遞減快），星體、星系之間的『萬有引力』就開始相對突顯。當宇宙擴展（膨脹）的作用力遞減到和萬有引力完全相等時，所謂的宇宙膨脹就完全停頓了（擴散現象還是一直存在，但擴散現象所表現出的宇宙擴展（膨脹）現象被萬有引力所完全抵消）。然後，這持續的『萬有引力』，就成為這宇宙中的明顯作用力了。此後，『萬有引力』的持續拉力，將使得宇宙開始回縮。這『萬有引力』使各星體、星系互相拉扯，各星體、星系越來越靠近。各星體、星系越靠近，星體、星系間的引力就越大（和距離的平方成反比）。『萬有引力』的相對持續突顯，促使宇宙不斷加速往回退縮。這情況，就好像萬有引力逐漸吃掉宇宙擴展現象一樣。各星體、星系間的引力越來越大，擴散現象表現擴展所造就的相對空間越來越小。另外，宇宙的溫度隨這宇宙局部密度的增加而越來越增高。溫度的持續增高，更促使宇宙加速由物質形態

往微物質、微質量、甚至於正能量的次起使狀態回頭，同時釋放更多的熱能、更高的溫度。最後，擴散現象不再存在，所有的正、負能量瞬間中和，所謂的絕對零度和絕對高溫同時不見，現在的所謂宇宙就完全消失。又回到太初狀態的『零』！於是，下一個太初狀態零的變動伺機再繼起。」

　　「等等！既然這現時宇宙是由等值的正、負能量和擴散現象（稱膨脹或大爆炸）而來，擴展現象（即宇宙膨脹）到盡頭時必將回縮，那請問，這宇宙盡頭的外面又是什麼？」

　　氣聚靈：「什麼都沒有。」

　　「什麼都沒有？任何事物的盡頭外都還有其他事物持續存在，怎麼會什麼都沒有？」

　　氣聚靈：「你會覺得『事物的盡頭外都還有其他事物持續存在』，是以你在這宇宙內的極小局部範圍內所感知的。我說過，這宇宙是由太初狀態『零』之變動而來。『零』是原本的什麼都沒有。既然原本什麼都沒有，這宇宙外之外當然是什麼都沒有！」

　　「我有點迷惑了！當我遙望天際，我實在很難想像天際外什麼都沒有，天際外總還有空間存在吧！不然這宇宙怎麼擴展？怎麼膨脹？」

　　氣聚靈：「你是暫時迷糊了。事實上，這宇宙

並沒有所謂的天際！宇宙內存在的距離，尤其星塵、星體和星系之間的距離，都只有相對的距離，不是絕對的距離。」

「這又是怎麼說？」

氣聚靈：「因為所謂的距離是指一定空間內存在的遠近。而這宇宙的所謂空間是極度扭曲的，扭曲到這宇宙空間內的任何一個位置都可以看成是這宇宙空間的中心。所以這宇宙空間內之所謂距離和方向都是相對性的狀況，不是絕對性的距離和方向。當宇宙繼續擴展（膨脹）時，宇宙內的能量或星塵、星體和星系之間的相對距離是拉長了，但由於這宇宙空間是極度的扭曲，且是扭曲到內外不分，所以很難說這宇宙是不是變大了。所謂的大小是由比較而來，而這極度扭曲的宇宙空間外並沒有空間存在，這宇宙沒有可以比較的外在對象。在宇宙擴展（膨脹）時，這宇宙內不同位置的相對距離是拉長了，但這擴展現象是在這所謂的宇宙空間內繼續扭曲，要說這宇宙變大了，並不是很正確的觀念。」

「這宇宙的空間極度扭曲？而且扭曲到沒有內外之分？」

氣聚靈：「是的。因為人類生活所處的空間僅是宇宙中極、極、極微小的一小局部，所以一時感覺

不出這空間的扭曲。既然這宇宙的所謂空間，是由太初狀態什麼都沒有的『零』變動成等值正、負能量和存在擴散現象而來，那原本也是沒有所謂的空間，這所謂的空間只有在等值正、負能量和擴散現象同時存在的時候才顯現出來。」

「所以，原本沒有所謂的空間、沒有所謂的宇宙，是什麼都沒有的『零』變動成等值正、負能量和同時存在的擴散現象才創造空間，也才生成這宇宙！」

氣聚靈：「是的！當宇宙回縮時，這所謂的空間也跟著回縮，而且是尋原所謂膨脹（擴展）的原途徑退回。當現在的所謂宇宙完全消失，回到太初狀態的『零』，所謂的空間也跟著完全消失。這由什麼都沒有的『零』變動而來的所謂等值正負能量、擴散現象和空間，既是從『無』（什麼都沒有）到『有』（宇宙），再從『有』到什麼都沒有的『無』，這『有』（宇宙）必然是獨一無二的，這『有』的宇宙空間以外當然什麼都沒有。既然這宇宙空間以外再無空間，這宇宙空間必扭曲到無界限或界線的狀況。因為若空間有界限或界線，則界限或界線外必另有空間。而若這宇宙空間外另有空間，這宇宙空間就不是從『無』到『有』了，也不可能在這『有』消失後就

真的什麼都沒有。」

「空間不就是有大有小嗎？既然有大有小，怎麼會沒有界限或界線呢？」

氣聚靈：「問得好！空間要沒有界限或界線，這空間必得是好像頭尾相接，內外也相連，也就是分不出頭尾、分不出內外。所以，這宇宙空間必定是極度的扭曲。」

「頭尾不分、內外不分？我很難想像這空間是怎麼個扭曲法。」

氣聚靈：「這有點像一個袋子，你把這袋子的內面部分往外翻，套上這其餘的袋子；內面部分的袋子繼續不停地往外再翻、再套上，這原來的袋子就內外不分了、頭尾也重疊了。」

「我還是不明白。因為這樣的裡面變外面、外面變裡面，還是隨時有裡、外之分。」

氣聚靈：「所以我是說『有點像』而已。這宇宙空間極度扭曲至不分內外的現象，是不容易由生活在極其微小局部的人類來理解。這樣想好了，當這內外翻轉的現象不停地瞬間持續進行時，你認為是在袋子上往外走時，其實你同時已經在往內走，反之亦然！事實上，以類似電影的停格畫面來說明這空間的極度扭曲並不很恰當，因為這宇宙空間極度扭曲的內

外不分現象是隨時一直存在的。」

「這樣說我是已稍微有些概念，但還是不很清楚。」

氣聚靈：「你會還不很清楚，是因為你仍是以停格畫面思考，而且是從一個外人的立場觀看這個袋子、想這個袋子。因為人類是生活在這宇宙空間中極其微小的局部，正確的思考或想像應該是：你必須先設想你是這個袋子的一個極其微小的分子，以袋子本身極其微小成份的立場來觀察這袋子、想像這袋子；而且要想像這所謂的內外翻轉是快速到不存在所謂的暫停狀態，即沒有所謂的停格畫面。所以，任何位置在這宇宙空間中，只有與周遭的相對位置，沒有在這宇宙空間中的絕對位置。而且，這扭曲或翻轉的宇宙空間既是以相對性存在，人類僅是生活在這宇宙空間中極、極、極其微小的局部，你不可以把從這極其微小局部的感知絕對化，更不能以絕對化的知覺去理解或想像這宇宙空間，這樣就可以比較能明瞭。」

「我還是不很明白！」

氣聚靈：「再這樣說好了，假設一個人在地球上單獨生活，因為人相對於地球是極、極、極其微小，若僅就個人在地表上微小局之部觀察做成絕對化的認知，這個人必認定這地球表面應該是平的，所以

就難以想像若他筆直往北走，會繞過北極，繼而繞過
南極而回到原點。因為若將在地表上微小局部的粗略
認知絕對化，就有如瞎子摸象一般，他不可能知道、
也無法理解地球表面是曲成球形；也不瞭解在地表上
所謂方向和距離都是相對性的，沒有絕對性。事實
上，觀察任何事物，都是不可以將微小局部的粗略知
覺絕對化，更不應該用局部知覺來認定整體的真相。
局部之粗略知覺很容易誤導須要瞭解的整體真相。人
類累積連續世代的眾人知識和智慧後，應該早就明白
這道理。而地球之存在於這極度扭曲的宇宙空間中，
就類似一個人單獨生活在地球表面上的情形一般。個
人相對於地球是極、極、極其微小，地球相對於這宇
宙空間，更是極、極、極其微小，所謂現代人類能察
覺到的也僅是宇宙空間中極、極、極其微小的部分，
若將在這宇宙中極其微小局部之地球上的粗略知覺絕
對化，當然更難以想像宇宙空間的極度扭曲。只有當
現代人類的知識智慧再累積，並進展到某一定程度
時，才得以瞭解或想像這宇宙空間極度扭曲的現象。

　　「我知道了，這道理，就如同知識、智慧斷層
過的所謂現代人類，還是須等到知識再累積並進展至
相當程度時，才能瞭解或想像這地球表面是曲成球形
的。由於一些人類殘存『成者為王』的獸性不受控

制，超越並壓制了人類原本依智慧增長所孕育出的靈性，功利至上盛行，貪婪不止，無知者建立霸權，霸權肆虐，奴役、甚至消滅已摒棄拼鬥武力的智慧族群，於是人類的知識和智慧出現斷層，沒得延續。知識、智慧斷層過的所謂現代人類，稍早前也是無法瞭解或想像這大地表面是曲成球形的狀況。」

　　氣聚靈：「是的。早期的所謂現代科學家，還曾因大膽公開發表『地球是圓球形，而且地球僅是這太陽系諸多行星之一，太陽亦只是宇宙中眾多的恆星之一』的證據而被迫害。較知名的是，義大利人布魯諾於1600年被判火刑，在羅馬被當眾燒死；伽利略於1633年被判終身監禁。」

　　「我大概瞭解一些了。因為這所謂的宇宙空間，只有於等值正、負能量及擴散現象存在之同時才顯現出來，所以這『擴散現象』造就整體同時存在的空間。擴散現象創造空間，沒有等值的正、負能量和擴散現象就沒有空間。也因為這宇宙空間外並不存在其他空間，所以這宇宙空間沒有內外之分。也所以，這宇宙空間必定是極度的扭曲，而且扭曲到，若由極其微小的局部往外看，看似遙遠的邊際，其實也是在這宇宙空間裡面。還因為這宇宙空間是極度扭曲，所以這宇宙空間內的距離和方向都是以相對性表現，不

是絕對性的距離和方向。也所以，如果正、負能量
（包括正能量凝聚成的質量、微物質、物質）在這空
間內繼續往前移動，事實上是會回到原位，這就是宇
宙空間扭曲的現象。這極度扭曲的宇宙空間並無所謂
的中心點或邊緣，因而用大爆炸稱這宇宙起始的擴散
現象是不恰當的，因為稱爆炸會植入有中心點和邊緣
的印象。」

　　氣聚靈：「是的。你真的有瞭解一些了。」

　　「所以，人從自己的太陽系觀察宇宙，會有這
太陽系好像是在宇宙中心的感覺。如果人跑到遙遠的
某星系去觀察宇宙，也會感覺該遙遠星系好像是在宇
宙的中心。這情形就如一個人站在地球表面上的任何
一個位置，若他沒有星體知識，很容易就會將局部的
粗略知覺絕對化，必會感覺這地表好像是平面，也會
覺得該位置好像是這地表的中心。正因為宇宙空間極
度扭曲，扭曲至沒有所謂內外的超越形體狀態，所以
這宇宙空間並不存在所謂的內與外或中心與邊緣。」

　　氣聚靈：「是的。」

　　「所以，人若有千里眼，往任何方向看，只要
避開星塵、星體和星雲，就得以看到自己。同樣的，
若射出一道夠強的光，也避開各個星塵、星體和星
雲，就會照到自己。」

氣聚靈：「對的。看來你明白了！」

「可是，再想想看，如果宇宙終將循原路徑退回到為零的太初狀態，那豈不是時間將會倒退？」

氣聚靈：「就整體宇宙而言，是時間會自然倒流沒錯！」

「於是，這宇宙回到什麼都沒有的太初狀態『零』，然後『零』再伺機起變動？」

氣聚靈：「是的。」

「那，既然時間將來會自然倒流，宇宙也自然會回到原初始的零，反正一切都將週而復始，萬物的生存和人的努力生活，似乎都沒什麼意義！」

氣聚靈：「不！就整體宇宙而言，時間是將自然倒流沒錯，但就個別物體和生物而言，時間仍是繼續前進的。在宇宙變動的瞬間，就極其渺小之個別生物的認知和感應而言，已是無法想像的非常久、久、久遠。智能人類的各項作為，都將對人類的生存福祉以及整體環境，有著重大的影響和意義。何況萬物皆因機緣和因緣而生，萬物各有長、短，萬物互補而共存。人的智能是機緣和因緣所賦予，是福。因緣之內所謂的福都是配隨責任的，智能人要知福、惜福，須懂得謙虛、互助、平等、分享，更必須與自然環境和諧生活。現代人類若知覺醒，早日拒絕貪婪和權勢競

爭的功利至上主義，避免繼續破壞及毒害萬物賴以生存、人類賴以生活的資源和環境，則人類還可能有幾億年、甚至還可能有數十億年以上的天賜福祉可享。而且，如果現代人類真能及早覺悟，知福、惜福，懂得與自然環境和諧生活，懂得戒除貪婪和權勢競爭，保護地球免於毀壞，人類能免於身心健康的頹敗或甚至滅亡，則隨著人類知識與智慧的增進，未來的人類是有可能對這宇宙之自然變動及時做出正面的改變。將來百萬年、千萬年、甚或幾億年後續存的高智慧人類，或許可以延緩甚至阻止這宇宙的倒退，任誰都不能斷言說是絕不可能。只是，若現代人類不知覺悟，繼續功利至上的貪婪橫行，看來這希望渺茫！如果人類真持續執迷不悟，則數百年內，甚至於百年內，地球勢將澈底毀壞。人類身心健康也必隨之敗壞，甚或滅亡，這將是人類的自作孽不可活。而且，若現代人類放肆自私野心到自取毀滅的地步，更是奪取後代子孫本來應有的生命福祉，那真是罪極無赦、罪不可逭啊！」

　　「我瞭解了。自古就一直有靈性智慧的個人或族群，在努力警示世人，試圖帶動全體人類及早醒悟的希望。雖然這些努力，最後都因人類社會已瀰漫貪婪且權勢肆虐而希望落空。剛才所談，宇宙由太初狀

態的零而來，自然將會再朝原初始的零退回，我想到了釋迦牟尼悟道後所說的『色即是空、空即是色』，『色即是空、空即是色』除了導引靈性智慧以及闡釋偏執追求名利的不值得和不應該，是不是也包括這宇宙來去之『從【無】到【有】，會再從【有】回到【無】』的道理呢？」

氣聚靈：「是的。」

「既然四百多年以前的數千年，台灣（Paccan）就一直是擁有靈性智慧的國度，又曾經長時間在試圖向世界各地宣導靈性智慧的生活社會，我在想，會不會釋迦牟尼的認知『色即是空、空即是色』是來自Paccan數千年前的智慧宣導？」

氣聚靈：「這我不清楚。我說過，我雖是由原Paccan的飄蕩之『氣』再凝聚形成的氣聚靈，但已非完整的原Paccan氣聚靈。我存有的原Paccan靈氣不全。所以，我並不知道釋迦牟尼『色即是空、空即是色』的智慧是不是來自Paccan的早期宣導。是有可能，但印度也曾有過不少傳承靈性智慧之人，釋迦牟尼『色即是空、空即是色』的認知，也有可能是印度文化自古遺留下來的智慧。我無法給予肯定的答案。你現時的潛意識可用時間已將盡，再見了！」

「等等，我迫不及待想再問一個問題，那就

是：這次我們的所有交談，是事實科學還是屬意識哲學？」

氣聚靈：「哈！看來你比我想像中的你更清明！我說過，我和你的交談，類似你和你潛意識的對話（雖然不完全是）。而在潛意識中，你卻還能清楚地知道，要分辨是屬意識哲學還是事實科學，你確實有保持清明。」

「你初次來到我的潛意識中，談了這麼多，暫時我是自覺明白了。但我一向自知智慧不足，一時的認知或醒悟，都必得再仔細檢視才可確認。再檢視和確認前，若能先聽聽你對自己所言的評論，是有助於我要做的確認。」

氣聚靈：「你是真有保持清明。意識哲學是合理的推論，雖然合理的推論不必然全部符合科學事實，但至少在現有知識範圍內應是合理的，否則那是幻想或空談，不能稱為意識哲學。不少科學事實就是先有合理推論，再經一系列的重複驗證，證實而來。我們今天的所有交談，我知道這都是事實科學，你可以從天文物理學中加以認證。但是，你也可以將它歸屬意識哲學，因為你無法全部用現實科學加以驗證。認證和驗證是不同的，認證是從既有知識中去確認，而驗證是從未知中找尋一再的確認。今天我們的所有

談話，是全部可以用現有的天文物理學加以認證，但仍有一部分是無法以現有天文物理學加以驗證的。」

「我明白了。和你相談甚是愉快！你能來我的潛意識裡見我，那我可以在潛意識中找你嗎？」

氣聚靈：「你的潛意識存留你體內，潛意識是可散發『己氣』，但散發之『氣』飄蕩，而整體的潛意識仍凝聚在你體內。所以，屬你之潛意識是無法出來找我的，但我會在感應到你潛意識散發的呼喚之『氣』時，出現在你淺睡期或精神完全沉靜狀態的潛意識裡。」

第二回

人需努力，但不要勉強

　　氣聚靈：「嗨！你好！」

　　「氣聚靈你好！很高興再與你相見。20多年來，我一直為台灣人被洗腦後精神和靈性的迷失，憂心忡忡。我雖自覺已盡力在想辦法幫助台灣人覺醒，仍有很大的無力感，挫折心很感傷。」

　　氣聚靈：「四百多年前，開始有貪婪的壓霸族群入侵Paccan（台灣），Paccan眾多氣聚靈遭受衝擊，Paccan（台灣）人被逐步洗腦後，靈魂漸次迷失，眾多靈氣飄蕩，甚至飄渺，確實悲慘，更是人類的一大損失。只要是心理清明的台灣（Paccan）人，都會憂心，都想為台灣（Paccan）人靈魂的復甦盡一分心力。但是，雖說事在人為，人為還是盡力就好。

世俗之事，大自然自有一套因果回應的法則。因果法則的回應有時因延遲而增加傷害，個人的努力確實可減少罪惡的發生和降低災難的傷害。但是，若個人的努力過度勉強，反而可能招致更持久的附加悲劇，也可能對過度勉強的努力者造成不該有的傷害。」

「我不很明白，努力不就是須勉強嗎？不勉強怎能算是有在努力？」

氣聚靈：「努力和勉強是不同的。努力是平常心的為所應為，不會犧牲應有的和諧；勉強是為達成希望的單向躁進，易不顧及其他可能附帶的負面影響和不利的結果。例如：人食物不足時會饑餓，會缺乏營養維生，所以人須努力培植作物，生產糧食。萬一糧食生產供應不及，就尋找其他次級食材或挨餓。若失之勉強，則為達成取食的劇烈衝動，可能採食作物幼苗或取食本應用來種植的作物種子，那隨後將會是更廣泛的饑荒浩劫。」

「這寅吃卯糧的道理我知道。但是，對於人為了充實自己以及改善社會所應為的努力或勉強，我還是不太明白其分別，可不可以請你再進一步詳細解釋和說明？」

氣聚靈：「好吧！我就臨時再舉個例子。1860年亞伯拉罕林肯競選美國總統時，為附和美國北方權

貴和顯達的訴求，主張提高大面積耕種的農作物稅率
（主要是棉花），一併立即廢除擁有黑奴為私產的南
方各州制度。這政策是符合公平和人道，美國南方各
州卻認為有損其權益。1860年12月20日，林肯當選
美國總統，南方各州派代表聯合北上，與林肯組成中
的聯邦政府交涉、斡旋，林肯的聯邦政府堅持沒商量
餘地。南方11州憤而宣佈退出美國聯邦政府，另組南
方邦聯。1861年中期，美國南北內戰由是爆發，此次
戰爭造成約750,000名士兵死亡，平民傷亡無數。最
後林肯的北方聯邦政府戰勝，黑奴隨即被解放。黑人
在沒有生存平權的配套條件下，人是自由了，但遭受
的歧視並未減少。被解放的黑人沒固有家產，求職又
常不是遭拒就是遭剝削，甚至成為出氣的凌虐對象。
美國林肯總統後來竟被激進演員約翰布斯開槍射殺。
百年之後，美國黑人還在費力爭平等人權，種族歧視
還是時有所聞。林肯的立即式解放黑奴，就是過度勉
強，不論是對美國白人或美國黑人而言，到底是好事
還是壞事？至今沒有定論，何況當時犧牲了百萬人以
上的生命。一百年時間是可有很多改變的，當年林肯
若未堅持要勉強的立即解放黑奴，經過平等人權的覺
醒，誰敢說今日美國黑人就不會有相同人權呢？或者
得到更公平的對待呢？」

「這情形我也是瞭解，但台灣人的被洗腦而迷魂是另一回事。時日過了越久，會越根深柢固，更難以清醒。眼睜睜看著台灣人的靈魂即將萬劫不復，怎麼能夠放得下心呢？」

氣聚靈：「我從你的認知中，舉出這林肯解放黑奴的例子，是不完全得體。但我要表達的是，不需有『人定要勝天』那種意念。人是要為正確的理想努力，人為正確的理想努力，可改善個人及人類、甚至全體萬物的福祉，但這努力只要在平常心內盡力即可，個人的努力若過度勉強，損己不利人的後果是可能發生的，那就得不償失了！」

「這理喻我是瞭解，但有時還是免不了會憂苦難平。」

氣聚靈：「這理喻你當然瞭解，我幾乎是你的潛意識嘛！一般人會愁苦是免不了的，但是隨著智慧依時間增長，這愁苦的心境會逐漸緩和，甚至可能平復。」

「我又不是聖人，難啦！」

氣聚靈：「是難平復，但隨著智慧繼續增長，至少會逐漸緩和的。」

第三回 ————
所謂的聖人

氣聚靈：「嗨！你好！」

「氣聚靈你好！」

氣聚靈：「上回你談到不是聖人，其實世間並無聖人。人既然是生物，而且是繁複度極高的生命體，壽命必然有限，智慧的增長當然都是有限。只有歷經眾人的智慧切磋，再凝聚、累積成的和諧智慧，才是真實的靈性智慧。所謂的聖人，都是人們認同其某部分一時、一地的獨到見解，繼而擴大欽敬所擁戴出來的。所謂的聖人之所謂真理，大都無法廣泛地經得起考驗。他是有一時或一面向的獨到見解，這一時或一面向的獨到見解，對當時、當地的部分社會情境也許是合理，也或許真有貢獻，值得一時、一面向的

感動。但若將之化為專注的信仰，就失之偏執。若所謂聖人的信仰者過於死心塌地時，善、惡其實難料。宣揚者如果再存私心，藉玩弄所謂聖人的所謂真理以遂私欲，則邪惡大災難就會爆發。」

　　「我知道了，這在人類歷史上屢見不鮮。例如：耶穌、阿拉等所謂的宗教聖人，是宣導博愛，卻藉神格吸引信眾，深化迷信。耶穌教義又宣示鄙視其他思想；阿拉教義也歧視異己（信徒自己的女性甚至受苦最烈）。其追隨者和擁戴者再因信仰和崇拜而自以為是，輕者強力推銷，同化他人；重者仇外，製造了無數宗教戰爭的殘酷殺戮。釋迦牟尼悟道後的理想原是無神格意識，宣導的是不貪、無私、謙虛、平等、分享及與環境和諧生活。以當時的社會氛圍，確實深具理想，也有令人欽敬的靈性智慧。釋迦牟尼卻在建立如何應對功利主義權勢的認知之前，就急於成就理想，以致過度刺激既得利益的權貴，無法避免權貴勢力的衝擊，不久即遭權貴勢力全力襲擊而潰散，信眾更是因而受害。其逃脫成功的追隨者又靈性智慧不足，且因經歷過權貴勢力傷害的驚嚇，一心圖謀生存。其追隨者不但不知遠離權勢，更依附權貴勢力，釋迦牟尼的理想從此變質。後來竟導致多少佛教山頭以宣揚釋迦牟尼信仰為名，加以神格化迷信，更妄入

怪力亂神，愚弄信眾，藉以圖謀且擴大獲取供養和奉承，甚至造就己身的尊榮霸業。另外，多少中國霸主，就是依靠所謂聖人孔子的封建思想以鞏固其權位！這些都是所謂聖人的為害和造孽。」

氣聚靈：「尤其中國人所謂聖人孔子的儒學，以禮教、修身、正人為名，其學說精神，事實上集中在階級意識、封建思想以及歧視他人和其他領域價值的意念。孔子教人墨守教條、向威權誓死效忠，更是中國人狂妄的性別偏見和種族歧視之始作俑者。所謂的孔聖儒學，就成為既得權位者奴役他人的工具、侵略他國的藉口和維護其世代霸業的權杖，這所謂的聖人，骨子裡其實是惡霸的幫凶！」

「我瞭解！這就如銀杏，很多所謂的健康專家、藥商利用其促進腦部血流循環的作用，大力推廣為保養頭腦和活化腦神經的保健聖品。事實上，吃多了銀杏，會有導致或惡化出血性中風的危險。」

第四回

所謂的偉人

氣聚靈：「你好！」

「氣聚靈你好！」

氣聚靈：「上回我們談了所謂的聖人，我覺得更要看清楚所謂的偉人。相對於所謂的聖人，所謂的偉人更是人類多數邪惡大災難的源頭。所謂的偉人都是成就豐功偉業的所謂英雄，集榮耀於一身。事實上偉人是獲利的追隨者為鞏固既得利益，以及權勢、名利的仰慕者以『有為者亦若是』的貪婪心態，才加以包裝成的。若從其發跡至功成名就，一一檢視其心態與過程，就可發現，所謂的偉人都是自以為高人一等，為達目的而不擇手段。為了成就其宏圖、偉業與尊榮，吹噓理念，引誘或甚且強制他人跟隨、受其指

揮，踐踏異議者，犧牲他人的福祉、生命和財產，以及破壞萬物賴以生存的環境，在所不惜。除了以『是不得已、是進取的必然代價』自我麻醉，並麻痺追隨者與臣服者。所謂的偉人絕不把他們所造的孽放在心上，都是圖謀私利、打擊異議、得意忘形而膽大妄為的狡猾偽善，更常是兇殘惡霸。近代中國的蔣介石和毛澤東就是最典型的例子！」

「我明白，可是所謂的偉人，大都自以為高人一等，又被不少人仰慕，真是諷刺！」

氣聚靈：「會自以為高人一等的人，都是狂妄又不知感恩之人。若真要勉強將人分別，世上只有相對身心健康的人，以及相對身心不那麼健康的人。狂妄又不知感恩的自以為高人一等，其實是一種心理殘障，有何高級可言？有何心靈智慧可言？」

「是的！這時我想到小時候在家鄉聽來的『樸實農民面對高傲無知權貴之綿羊與狗』的故事：有一位衣著光鮮、氣派非常的人物，開車載著約十歲的女兒，到一位養有綿羊群的農家附近郊遊。這女兒見到綿羊群非常高興，看到群中一隻體型獨特，顯得健壯、優美，又有著亮麗的毛髮，更是喜歡。那位光鮮、氣派的人物也是喜愛，就丟下二十元，說是要買下這隻綿羊。順手拿了繩子套上這隻，就要牽走。

　　農夫趕緊說：『這隻對整個羊群非常重要，無論多少錢我都不能把它賣了！你真的喜歡綿羊？那就任選其他一隻帶走！』

　　那人說：『我就是要這隻綿羊！這隻不賣？那我就以這二十元來賭這隻綿羊，如果證明我的知識和智慧贏過你，你須認輸，我就要牽走這隻綿羊。我先來，我看一眼就可算出你有幾隻綿羊，數量正確是我贏。』農夫心想，這實在不可能，就一時口快，答應了。

　　那人說：『一共186隻綿羊！』

　　農夫說：『完全正確，現在輪到我出題。如果我看一眼就知道你是何方貴人，我就是贏了下半局，那是平手，沒有輸贏。你不可以牽走這隻！』那人心想，以一個鄉下村夫，這實在不可能，也就一口答應。

　　農夫說：『先生是很上級的官老爺，住的是大城市豪宅，生活有傭人和手下使喚。』一個鄉下村夫竟然能一眼看透他，那人甚感驚訝。

　　那人問：『你是怎麼知道的？』

　　農夫說：『先生根本沒仔細算，就知道我的綿羊群有幾隻綿羊，必是行前查看過我的所在地和綿羊牧場的登記資料（先生並沒有把這隻您所認為的所謂

綿羊算進去），定是大官爺才有此方便。先生又丟下
二十元就要牽走這隻，表示平常先生習於受人服侍，
周遭的人都對先生恭敬服從，不敢有異議，先生當然
是很上級的官老爺。先生又連這隻是狗而不是綿羊都
不會分辨，更必然是深居城市豪宅，甚少與鄉村的
人、地往來。這是簡單的道理！』那人頓時尷尬，但
仍強制要把這隻狗（或稱綿羊）帶走。當那人強要把
狗往車後座推時，農夫向狗大叫一聲。這狗即刻往那
人手臂重咬一口，並爭脫，往回跑向農夫。

　　那人生氣大罵：『你好大的膽子，竟敢叫狗咬
我（此時這官老爺知道這隻真是狗了）！我這就去叫
來警隊，不但要把這隻帶走，還要把你抓起來關進苦
牢。』農夫很快將事情原委講給村民聽，村民們聚集
農夫家等著看後續。警隊來時，帶隊警官命令農夫把
狗綁好，要把狗和農夫一起帶回警局。

　　村民們說：『可不可以請警察大人問問那位先
生，他來到此地，下車時開的必是駕駛座車門。要離
去或逃避狗時，打開的也必是駕駛座車門，那他被狗
咬傷所流的血，為何是滴在後座？』帶隊警官和那
位先生一時都無言以對，只得悻悻然帶隊離去。村民
們都借此機會認得了那位很上級的官老爺，此事也在
鄉間傳開，那位很上級的官老爺從此不敢再靠近這鄉

間。」

　　氣聚靈：「哈！這例子說得好，不知感恩，又自以為高人一等的狂妄權貴，那會有樸實農夫的心靈智慧！」

　　「是的，權勢盛行的現代社會中，不少人誤以為最常見狂妄又不知感恩的權貴、巨賈、顯達等是重要人物。我常省思，若有一天，謙虛、平凡的農民同時從世上消失了，饑荒浩劫立現。到底那類型人才是真實的重要人物？」

　　氣聚靈：「相對之下，若有一天，這些權貴、巨賈、顯達同時從世上消失，人類並無可損失。而且，人類少了權貴、巨賈、顯達的狂妄、權謀和爭鬥，那世人才真可得安樂。更何況，這些權貴、巨賈、顯達的貪婪成就，也正是現代人類不理性的消耗不可再生資源、破壞自然和毒害環境的肇始者，這些人也是占消耗、破壞和毒害人類生活條件的大宗。」

　　「現實社會中，人類原本安樂生活最不需要的政客、權貴、巨賈、顯達，卻是占盡便宜、對謙虛、平實之百姓頤指氣使的一群，還成了多數現代人稱羨的對象。這現實情況，真是夠矛盾，且荒謬又諷刺！」

　　氣聚靈：「而所謂的偉人都是爬上頂尖高位的

政客、權貴、巨賈或顯達。所謂的偉人又是其他政客、權貴、巨賈、顯達們為鞏固既得利益，或者以『有為者亦若是』的貪婪心態，加以包裝成的。所以我說，世上的所謂聖人、偉人都是偽善、狡猾的欺世盜名。所謂的偉人，更是比常人不如，且都是惡霸或惡霸的幫凶。」

「我知道，大多數的所謂偉人，都是獲利的追隨者及權勢、名利的羨慕者用光鮮包裝所推崇出來的。就受害者而言，大多數的所謂偉人其實是喪失正常人性的惡棍。但是，也不能因此就決斷說『所謂的偉人全都沒有真誠實在的仁義情操』。我想，應該還是有真誠實在的人，因受景仰而被推崇為偉人吧！」

氣聚靈：「真誠實在之人必然是謙虛、和諧、不貪的所謂常人，怎麼會處心積慮創造被擁戴的勢力？你如果還對所謂的偉人存有一點幻想，那就舉個你以為可能是有『真誠實在的仁義情操』之所謂偉人看看。」

「以美國第一任總統喬治華盛頓（George Washington）及第十六任總統亞伯拉罕林肯（Abraham Lincoln）為例：華盛頓領導新大陸民兵軍團對抗掌控殖民地的英國軍隊，贏得美國獨立。華盛頓知所進退，促成全世界第一個民主國家。華盛頓

還婉拒了他的總統薪水。並在連任二屆總統後，宣佈不再連任，寫下美國總統任期不能超過兩屆的不成文慣例。在在顯示華盛頓無私、不貪的信念。林肯則推動解放美國黑奴，首先建立平等人權的普世價值觀。這些不都是真誠實在的仁義情操嗎？而且，華盛頓和林肯都是世界，尤其美國人，公認的歷史上偉大人物。」

氣聚靈：「公認？是鼓吹名位的權貴、顯達們如此認為而已。其他人則是因為接受權貴、顯達所主導的教育才誤認此意識。所謂的偉人都是強詞奪理的狡猾偽善者，除了以『是不得已、是進取的必然代價』自我麻醉，並麻痺追隨者與臣服者，再由獲利的追隨者及貪戀權勢的仰慕者加以包裝成的。華盛頓和林肯也都是這樣的人。」

「真的嗎？」

氣聚靈：「先說華盛頓：就如同所有的所謂偉人，華盛頓其實是一直堅持擁抱權貴利益、精於投機的偽君子。當然，華盛頓更精於偽善的狡猾化裝。事實上，華盛頓自命是白人權貴，蠻橫驅逐並追殺新大陸原住民。他個人奪取最大片的土地，完全無視新大陸原住民的生存權。而且，華盛頓一直是英國統治殖民新大陸的擁護者，他原本渴望的是加入英國正規

軍，以塑造財富以外的英雄形象，是苦無機會，才先任職殖民地民兵的軍官。1753年，當時維吉尼亞州內的原住民，受不了英國殖民者肆無忌憚的凌虐，不得已奮起，試圖阻止英國人繼續肆無忌憚的擴張侵略，並得到已殖民該地區之法國人的支持。當時擔任民兵少校的華盛頓，向英國派駐維吉尼亞州的總督羅伯特丁威迪（Robert Dinwiddie）自薦，去對法國當地指揮官作最後通牒的挑釁。因此，於1754年，丁威迪升遷華盛頓為民兵中校，並准華盛頓所請，派遣華盛頓率領維吉尼亞第一軍團，前往俄亥俄谷地攻擊法國人營區。華盛頓戰敗投降。投降後，華盛頓為求得到釋放，簽下一份承認他曾經刺殺了法軍指揮官朱蒙維拉的認罪文書。華盛頓稍後被法國指揮官以『英國人一年之內不得返回俄亥俄谷地』為條件釋放。1755年，華盛頓還參與英軍試圖重新奪回俄亥俄谷地的征戰行動。華盛頓最初軍事生涯的目標是渴望成為正規的英軍軍官，而不僅是殖民地民兵的軍官，但他一直未獲認可。因此，他在1759年辭去了民兵軍職，返回家鄉。1774年英國政府因故關閉了波士頓港，而且廢除了麻塞諸塞州的自有立法權和司法權，各州譁然。華盛頓被選為維吉尼亞州的代表，前往參加為因應英國政府動作的第一屆大陸會議。當時華盛頓已嗅察出，

抗拒英國統治是大多數新大陸移民的意向，知道這是他謀取高階軍職再出頭的好機會。殖民地民兵在1775年4月於列克星頓及康科特與英軍開戰後，華盛頓穿著軍服，出席為籌劃有效推翻英國政府掌控的第二屆大陸會議，他是唯一的一個穿著軍服出席之代表。華盛頓藉著突出的軍裝，表示他是經驗豐富的軍職前輩，且有帶領維吉尼亞民兵參戰的意願，並自稱『他一直反對英國政府有殖民地的統治權，他還擁有擔任軍官的才能和極大的天分』。第二屆大陸會議代表們被華盛頓說服，說要確保南方的殖民地能與北部殖民地順利合作，以組成新大陸聯合軍團對抗英國派遣軍的最好辦法，便是聘用一個精通戰略和戰術的南方殖民地人士擔任總指揮官。經過這些轉折，華盛頓才在1775年6月15日經由大陸會議通過支持，於 7月3日正式擔任了全殖民地軍隊的總指揮官。其實，對抗掌控殖民地的英國政府並非華盛頓之本意，華盛頓求的是成為統領大軍的高階將官。」

「但華盛頓確實領導新大陸軍團，並贏得了對抗英國軍隊之戰爭。」

氣聚靈：「不，華盛頓事實上毫無指揮作戰的能力，也從未在對抗英國軍隊之戰爭有過任何貢獻。殖民地民兵組成新大陸軍團對抗英軍，是起於1775年

4月的列克星頓及康科特戰役，至1781年10月17日英軍指揮官康沃利斯的投降。華盛頓在1775年7月3日成為領軍的大陸軍團總指揮官後，他一直躲避與英軍的直接衝突，而且華盛頓在許多次戰役中都犯下大錯。連輸掉幾次戰役的撤退行動都相當笨拙，幾乎全軍覆沒。好在新大陸地區遼闊，英國派遣軍無法有效掌控全區。是直到1778年2月，一名曾服役於普魯士軍隊參謀部的軍官施托伊本（Friedrich von Steuben）前來佛吉谷，自願幫忙訓練新大陸軍團的軍隊，以使他們在戰場上有能力和英國軍隊對抗。施托伊本在佛吉谷的訓練改進了戰術和作戰紀律，大幅增進了殖民地民兵軍隊的戰力，使殖民地軍隊得以擺脫烏合之眾的狀態。在佛吉谷的訓練告一段落時，大陸軍團的軍隊已經煥然一新了。有了施托伊本的操盤，加上1781年法國陸軍和海軍又參戰協助打擊英軍，才有1781年10月17日被圍英軍的投降，英軍指揮官康沃利斯也才於10月19日向趕來的華盛頓正式投降。接著在1783年，隨著巴黎條約的簽署，英國承認了美國的獨立。事實上，並不是華盛頓有能力領導新大陸民兵軍團贏得對抗英國軍隊的戰爭，是施托伊本挽救了新大陸民兵軍團免於全軍覆沒，再由法國軍隊協助擊敗英軍。華盛頓是投機主義者，因時勢而得意罷了。」

　　「但華盛頓確實婉拒了他的總統薪水，並在連任二屆總統後，宣佈不再連任，寫下美國總統任期不能超過兩屆的不成文民主慣例。真的顯示華盛頓無私、不貪的信念。」

　　氣聚靈：「華盛頓婉拒他的總統薪水，只是裝飾清高而已。華盛頓在當時大概是全美國最富有的人了，單他所住的莊園就廣達32平方公里，他在西部也擁有非常大片的土地，又是大奴隸主（最多時曾擁有黑奴316人），華盛頓才不把總統薪水看在眼裡。至於在連任二屆總統後，說為了豎立民主典範，宣佈不再連任，也是偽善的說得好聽而已。華盛頓當時是以『決不繼續連任』換取周圍權貴的信任。何況，以新大陸的情勢，加上當時移民多是逃離英王統治的自由生活追求者，華盛頓自知新大陸絕不容許再豎立王權，成立民主政體只是順應時勢。他夢想的軍、政名位和權勢都已經有了，又擁有超級大片的土地和超級多的奴隸，再繼續連任總統，那比得上在私有勢力內沒有紛擾的國王級享受。華盛頓的妻子瑪莎也不願他繼續當總統。華盛頓是識時務投機的偽君子！華盛頓卸任後帶著輕鬆的心情回到他的弗農山莊園，還得意地被新總統約翰亞當斯任命為美國當時軍中最高階級的陸軍中將，雖然華盛頓早已除役多年，也從未再服

役軍職。更何況，當時華盛頓和其結交的既得利益新興權貴與顯達，製作的所謂現代民主政治典範，正是權貴民主。這引導現代民主潮流，以權貴、顯達佔優勢的民主制度，更是今日世上羨慕虛榮、貪婪較勁、不擇手段、勝者英雄的惡化源頭。」

「但是，華盛頓在1786年給羅伯特莫里斯的信寫道：『在世人中，沒有誰比我更想看到廢奴計劃的通過了。』1794年，在計劃退休時，華盛頓更預先寫下遺囑展示眾人，說要徹底釋放自己擁有的所有奴隸。也要為年輕奴隸提供就業培訓，更要為年老奴隸提供養老金。這都顯示他並非貪得之人，也有仁義情操。」

氣聚靈：「不，華盛頓是貪得又偽善的狡猾之人！做為總統，1790年遷都至賓夕法尼亞州時，華盛頓繼續購買了8名奴隸來費城總統官邸，為他個人服務。賓夕法尼亞州的法律規定，任何奴隸在該州住滿6個月即可獲得自由。華盛頓卻辯稱是總統在賓夕法尼亞州任職，他個人自己不是賓夕法尼亞州居民，不受賓夕法尼亞州法律管轄。當服侍他妻子瑪莎的一名奴隸歐尼賈齊逃跑時，華盛頓還張貼廣告懸賞通緝，隨後即把她抓回來。你還真相信1786年時華盛頓講的『想要通過廢奴法案』這句話嗎？在1794年計劃退休

時，華盛頓寫下說要徹底釋放自己擁有的所有奴隸，也要為年輕奴隸提供就業培訓、要為年老奴隸提供養老金的遺囑，是故意寫給別人看的，偽裝清高而已。一個心性正常的人，怎會為展示眾人而寫下遺囑？華盛頓一生中沒有培訓過任何年輕奴隸，也沒有釋放過任何奴隸，更沒有提供任何年老奴隸養老金，他夫妻的繼承人也從未釋放任何奴隸。」

「這樣看來，華盛頓根本是一個毫無誠信，且狡猾又投機取巧的偽君子，那怎麼會有少年華盛頓『坦承自己砍掉了父親最喜歡的櫻桃樹』這『華盛頓不撒謊』的佳話流傳？」

氣聚靈：「這個故事出於傳記作家帕森威印之筆。帕森威印是華盛頓個人權位和名利的崇拜者，他聲稱是在華盛頓去世後採訪了華盛頓家的熟人而寫的。然而，在1890年，歷史學家堅持用科學研究的方式，去調查所有證詞，卻發現除了帕森威印自己的說法以外，沒有任何人聽說過這故事，並沒有其它證據可以證明該事件曾真實發生過。更詭異的是，約瑟夫羅德曼在1904年指出，帕森威印的少年華盛頓砍櫻桃樹之故事，是抄襲自一部英國小說。」

「林肯推動解放美國黑奴，首先建立平等人權的普世價值觀，應該是真誠實在的仁義情操了吧！」

　　氣聚靈：「事實上，林肯和華盛頓都是同樣的偽善又狡猾之人，不相上下， 這是成為所謂偉人的必備特質！1860年林肯競選美國總統時，北方各州的巨賈和權貴，不滿（或是嫉妒）南方各農業州大地主蓄養黑奴從事農作，輕鬆過日即獲利豐厚，早企圖運作增加農作物（尤其棉花）的稅率以充實聯邦財政，也謀定一併禁止南方的蓄奴制度。在以非農業經濟為主的北方各州有多數共鳴，林肯的競選經費又期待北方各州巨賈、權貴的挹注。林肯的解放黑奴主張，其實是林肯觀察情勢後，見風轉舵，是競選策略的運用，和建立平等人權的普世價值觀無關。」

　　「如果沒有確實證據，不能這樣說！」

　　氣聚靈：「事實上，林肯確是白人至上主義者。他承認在道德上來說，他必需把黑人視為平等，但他說『我在感情上不能接受與黑人平等』。林肯認為黑人和白人有太多的基本差異，白人難以和黑人共同生活，所以他個人覺得黑人不應該享有平等的政治權利。林肯經常使用種族歧視的言語，說嘲諷黑人的笑話，但林肯卻可以在政治演講時引用美國獨立宣言，大談平等人權。總體而言，當時美國北方各州的白人更歧視黑人，北方白人根本不願黑人進入他們的生活領域。北方是有少數富有白人使用黑人僕役，但

僅給付微薄薪資，任由黑人挨餓受凍。就當時而言，美國北方各州白人的主張解放黑奴，根本是偽善的假道學，是起因於看不起南方農民、教訓南方農民。解放黑奴後，曾有黑人團體到白宮感謝林肯的解放黑奴，林肯卻告訴他們說：『我們北方的人民，真不願意你們獲得自由的有色人種到這裡和我們生活在一起，這是一個殘酷的事實。』林肯甚至想把黑人趕出美國，他說：「希望黑人能夠回去非洲生活。」林肯也曾策劃購買加勒比的聖多明哥殖民地，以便把黑人全部再移民過去。林肯的解放美國黑奴，真是因為他有『平等人權』的價值觀嗎？不！林肯是一個偽善又狡猾的人，更是見風轉舵的投機者。而且，林肯在1863年12月8日發表的【大赦和重建宣言】，內容還狡猾地說，黑人必須得到平等的政治權利。但是，林肯還強調：『南方人必須自己解決內部的黑白種族問題。』林肯解放黑奴，卻拒絕黑人，又把如何安置解放後的黑人視為南方各州自己的責任，一付事不關己的態度。但他又建議南方各州全面大赦舊政府官員和將領，同時給黑人投票的權利。這樣的一個人，可以說他有建立平等人權之普世價值觀的自動自發精神嗎？更何況，林肯來自一個美國西部的一個貧困家庭，家庭努力栽培他考上律師資格，林肯卻在當上律

師後，因為父親缺乏學校教育，覺得有失面子，開始
與他的父親疏遠。1840年代擔任國會議員後，更斷絕
與父親的關係。以上這些事實，都還留有原始的檔案
記錄在，不必懷疑。這樣的人，可以說他有真誠實在
的仁義情操嗎？」

　　「…………」

第五回

所謂進步的現代功利文明

　　氣聚靈：「嗨！你好！」

　　「氣聚靈你好！前次談及『人類安樂生活最不需要的政客、權貴、巨賈、顯達等，卻是占盡便宜、對謙虛平實等百姓頤指氣使的一群』之荒謬與諷刺，讓我想到，人類要想得到平實、安樂、和諧的靈性生活，可真是難啦！」

　　氣聚靈：「其實，要達到『無權貴、巨賈、顯達，沒有權謀競爭』的平實、安樂、和諧之靈性智慧生活境界，並非真的那麼難。在四百多年以前的近萬年中，台灣（Paccan）正是這樣的社會之一。多數人原以為人類文明歷史的發展僅四、五千年。其實，近年來的考古工作，發現了不少令所謂的專家、學者傻

眼而無法解釋的遠古文明（現代所謂的專家、學者，因無能解釋，就歸之於外星人所留下）。事實上，現時人類社會充斥的所謂大人物、高級人，甚至於偉人、聖人，是來自人類殘存的『成者為王』獸性之復活與失控。早在五、六千年前，甚至萬年以前，人類已發展出不少現代人難以想像的智慧文明。有的一開始即知道，要追求真正永續幸福的人性生活，人必須和諧分享、重人倫、敬天地、維護生態平衡，要摒棄非必要之物質與榮耀的自私欲求。更要保護自然環境，以自然環境的不被破壞、不被污染為優先。另有的是已發展出高度科技，才發覺科技失控的開發，不僅誘發人類永無止境的貪婪，更帶來難以挽救的環境破壞和污染。貪婪是由虛榮、慾望和相互比較所導致的爭奪，是人類罪惡的根源。環境的破壞和人造毒物的污染，則剝奪了後代子孫的生活條件。而科技發展的失控，會衍生永無止境的物資需求，對於真正人性生活的境界並無助益，只是製造更多精神壓力。那些古智慧人類這才放棄已發展的不必要科技，並輕視功利文明。」

「原本的Paccan（台灣）就是這般智慧文明的人間樂土！」

氣聚靈：「是的！由於無知的所謂現代人類，

殘存『成者為王』的獸性不受控制，超越並壓制了人類原本依智慧增長所孕育出的靈性，功利至上盛行，貪婪不止，無知者建立霸權，霸權肆虐，摧毀智慧族群的文明和文化，奴役、甚至消滅已摒棄拼鬥武力的智慧族群，於是人類的知識和智慧出現斷層，沒得延續。無知的所謂現代人類，才另以貪婪的功利主義，肆無忌憚地發展出所謂的現代科技文明。」

「在四百年以前的近萬年中，Paccan（台灣）族人就持續維持靈性的智慧和知識，台灣族人一直維持著不變的與自然和諧之靈性智慧生活，慎戒『今日所謂進步』的無節制開發。」

氣聚靈：「Paccan（台灣）族人更瞭解到，由於人類聰明的優勢，比其他生物更懂得自我保護，容易以人為力量抵抗自然環境的考驗。相對於環境和其他生物，人口輕易會不合理的增加。人口的不合理增加，就會對環境和其他生物有不合理的需求。人類對環境和其他生物的不合理需求，就會造成整個自然環境和生態無法挽回的破壞。整個自然環境和生態無法挽回的毀壞，會帶來整體地球生命的浩劫。」

「我知道，Paccan（台灣）族人瞭解這因果反撲的道理，包括很早即懂得使用避孕藥，以避免人口的不合理增加，以便維護整體生態的真正平衡。」

　　氣聚靈：「更重要的是，Paccan（台灣）族人懂得尊敬每一個人的整體人性價值，不以任何單一成就而格外恭維某人，所以沒人有自以為或被認為是高人一等的機會，因而不存在所謂的名位或霸權這回事。」

　　「我知道，Paccan（台灣）族人的族群聚落，人人平等，從未有所謂頭目、酋長、首領甚至國王等頭銜或職位。Paccan（台灣）族人的生活以村落為主體。各社群往來頻繁，互通有無，但都是獨立個體，只有互助，不相隸屬，不受統治。」

　　氣聚靈：「Paccan（台灣）族人完全沒有身分高低之分，語言中也沒有所謂主人、僕人的詞彙。每個人都互相非常謙虛、禮貌與相互敬重。不會因為一個人缺乏學術、威望、地位或財富，就對他不夠尊重；也不會因一個人擁有較高學術、威望、地位或財富，就對他特別卑躬屈膝。Paccan（台灣）人只有年長者會接受特別的尊敬。」

　　「我知道，需要仲裁事務，是由定期推選的議會決斷。任一議員在議場發言時，其他議員必定安靜地恭敬聆聽。議員是義工，開會時眾人感謝議員的辛勞；議會外，議員並無特殊身份或名位。族群聚落的傳統和議會的決定，多數人均會遵行。雖然是會有少

數特異獨行之人不守規矩、不肯合作，但這些少數人仍擁有自行離去的自由，並不會受到歧視性攻擊。」

氣聚靈：「因為Paccan（台灣）族人崇尚與自然和諧的生活，生活耗材，全來自大地能循環再生的資源。人人自由選擇傳承，分工、分享。雖有高度智慧文明，但戒除貪婪，放棄拼鬥武力。人和人之間沒有身份、地位之分，相互敬重每個人所選擇或所能適應的生活方式。這是世上曾存在最久的智慧文明之一。是直到四百多年前，由於Paccan（台灣）族人善心收留僥倖存活而誤入Paccan（台灣）的惡質唐山人逃犯，才繼之引發了荷蘭人、鄭成功集團、清國、日本、蔣幫中國壓霸集團的一連串侵略Paccan（台灣），Paccan（台灣）的智慧文明逐步被破壞殆盡，Paccan（台灣）才被帶進了所謂現代文明的罪惡深淵。」

「所以，所謂的現代文明，是人類殘存『成者為王』之獸性的復活與失控，繼而超越並壓制了人類原本依智慧增長所孕育出之靈性的結果？」

氣聚靈：「是的，現代世界人類社會現況的形成，來自人類殘存『成者為王』的獸性，以權勢、財富、名位把人分等級。於是，人人汲汲營營，甚至不惜踩著他人，努力往上爬。為了追求虛榮的權勢、財

富、名位，妒恨交戰，由生至死不得安寧，這是所謂
現代文明中，人類生活壓力與痛苦的來源。人類的災
難，則是來自縱容、甚至推崇所謂的高人一等，自以
為高人一等者成就霸權，於是霸權肆虐。所以，強者
以壓制弱者當勝利的尊榮；壓霸者自立為王，奴役弱
小，統領族群；壓霸族群再掠奪資源，併吞弱小族群
建立大國。勝出者成就霸業，貪婪不止。」

「所以，自以為高級的狂妄之人，想盡辦法，
甚至無所不用其極地利誘，並逼迫大眾對他信服與支
持，以成就他的權勢、財富和名位，滿足他的虛榮與
貪婪。強者互鬥，弱肉強食，環環相扣地惡性循環，
永無休止。」

氣聚靈：「更由於人類貪婪不止，強者為了便
宜行事或增強爭鬥力量，不惜無節制地掠奪自然資
源，持續破壞人類藉以生活的大地、毒化人類賴以生
存的環境。這是虛榮與貪婪蒙蔽了人類的智慧，為了
滿足眼前一時的虛榮與貪婪，不惜拿人類將來的長遠
福祉作代價。這是人類的自作孽。」

「看來自稱文明進步的現代人類，事實上才是
真正的野蠻又無知。」

氣聚靈：「是的！至於這人類殘存之『成者為
王』的獸性，會是暫時性的失控，或是人類將持續朝

著自我毀滅的不歸路走？那就得看人類靈性智慧的覺醒程度和選擇了！」

「這情況真是令人膽顫心驚！」

氣聚靈：「更可怕的是，有多少現代的所謂文明人有這個警覺心呢？現在多數人們警覺到的所謂可能之全面性地球災難，不外大規模的火山爆發、巨大隕石或彗星撞地球，甚至是受到宇宙星系異象波及。其實以上災變的可能性，在可預見的將來，都微乎其微。反而人類科技開發的競爭，卻已將人類置於前所未有的險境。」

「如果有人相信『以上災變的可能性，遠超過【核子武器和設施的可能災難＋恐怖份子失去理智大量散佈劇毒或傳染病＋人類的莽動使原已受制伏的致命病菌、病毒復活＋從外太空帶回的可能災難＋基因改造意外製造出人類無法控制的生物】總合的危險性』，那真是搗著眼睛說瞎話！」

氣聚靈：「就算人為的突發大災難永遠不會發生，由於貪圖科技開發的近利，地球資源無節制的朝向用罄。同時，所謂現代文明的運作，對地球撒下的污染和毒害，不是早已在毀壞人類賴以生存的環境、侵蝕人類的健康嗎？這些污染和毒害，不但天天持續在增加，還不斷加入新的劇毒，人類的終將自取毀滅

已指日可數。今日科技的開發與建設，真是人類和樂生活之所需嗎？」

「我知道。例如：現代建築佔據綠地又吸熱，室外溫度上升，室內溫度又居高不下，只好發明冷氣。有了冷氣，更大肆構築違反氣溫自然調解的建設，人類生活就離不開冷氣了。為了行動方便，發明火車、機車、汽車、飛機，不使用這些交通工具你就趕不上別人。通訊手機的發明，美其名為『讓人享受、使人生活更方便』，其實通訊手機的擁有，使人更忙碌、更緊張，也使人與人之間的競爭因提高效率而更加劇烈。於是，原本的奢侈品就變成了生活必須品。塑膠用品的製造也美其名為『使人生活更方便』，於是，塑膠用品變也成了生活必須品。」

氣聚靈：「方便和享受誘人不知珍惜，加速浪費，無限制的累積垃圾毒害。而這些現代化學和工業產品，不論生產或是使用的過程，都正在毒害地球。」

「我小時候就是生活在完全沒有現代建築、冷氣、汽機車、電話、電視和塑膠用品的環境，而且沒有所謂的垃圾存在。現在仔細回想，當時周遭之人，不論精神的暢快或身體的舒適，都是今日所謂的現代化生活所感受不到的。而自稱智慧、先進的現代人，

卻僅極少數對此有感,真是諷刺!」

　　氣聚靈:「這是因為霸權當道,再散發貪婪,誘使人和人比較高下。別人有的,我也要有,更想要搶先得到別人所沒有的,以滿足虛榮。因而原本的奢侈品成了必須品。家庭和個人的現代化用品,不斷推陳出新,引誘你去擁有。現代人每天汲汲營營,不就是為了這些人類原本不需要的所謂現代化生活用品!人為了這些所謂現代生活用品忙碌,多數人已無暇照顧原本的靈性智慧。於是,無節制的現代科技,在貪婪與競爭的推波助瀾下,就以『讓人享受、使人生活更方便』為名,開發更多的生活用品,再驅使你為添購那些『必須品』而更加努力工作。這是永無休止的惡性循環,人類原本的靈性智慧也就隨之一點一滴地流失了。」

　　「而人類卻因使用這些所謂現代化生活用品而改變生活型態,於是完全依賴這些所謂現代化的科技用品生活,這些科技用品就變成現代人類生活的不可或缺。」

　　氣聚靈:「雖然現代醫學也隨著科技的開發而迅速發展,人類的平均壽命是有重新再延長了,但科技開發所造成的污染和毒害,帶來更多各種前所未有的疾病和傷痛,卻使得現代人類更加必須依賴眾多新

發展的醫藥科技才得以過活。人人活得不健康、活得
不舒服、活得很麻煩。」

「我瞭解，真實之靈性智慧，醫療知識應該是
謹慎進步，以避免傷害為首要原則，並以全體人類的
福祉為目標。注重的是以健全之衛生習慣生活來維持
健康的身體，醫療是用來輔助健康之不足或醫治意外
的受傷。現代人類卻是先肆意毒害自己，製造危機，
再勉強研發新的醫療技能來救治，這根本是本末倒
置。」

　　氣聚靈：「四百年以前，Paccan（台灣）人有
良好的衛生生活習慣，維護生態平衡及環境衛生，雖
然沒有發展侵入性醫術科技，僅使用生理調整的醫療
智慧，仍然人人活得很健康、活得很舒服、活得很輕
鬆，平均都有90多歲的壽命。是無知的壓霸族群入
侵後，環境被破壞、生活形態被迫改變，Paccan（台
灣）人平均壽命才有減少。事實上，人類要有真實的
健康生活，並延續後代子孫應有的福祉，重要的是應
注重個人與生活環境的安全和衛生、避免毒害、合宜
的營養飲食、適當的活動以及維護生態平衡。現代人
類先虛榮貪求，破壞環境，也自我毒害，再一味追
尋醫療科技以維持不健康的身體，是缺乏智慧的偏
執。」

「而且，此時不論現代的科技用品或醫藥，只要這個生產和運輸上的任一環節，因天災或人禍而出現缺陷或供應不及時，人類的生活隨即會陷入難以想像的苦難。現代人類真是會自找麻煩！」

氣聚靈：「更因為這些原本不需要的所謂現代生活用品，在環環相扣下，已經變成人類賴以生活的必須品。而且所謂的『現代化生活必須品』，在現代人類貪婪與虛榮的激發下，隨著唯利科技的競爭，正無止境地加速推陳出新。為了生產這些人類安樂生活原本不需要的所謂『現代化生活必須品』，正在耗盡地球難以再生的資源，正在破壞歷經自然塑成，原已穩定的地質地貌，同時不斷製造更多無數的毒物，毀壞人類賴以生存的環境。不但毒害人類自己，更殃及所有地球上的生物，並破壞生態的平衡。」

「而這種惡性循環的出現，起因於不再珍重精神生活的價值，讓虛榮與貪婪之心發酵，虛榮與貪婪之心遂將原本人類深層智慧所孕育的靈性精神驅逐。於是，具侵略性的人，美其名為進取性，首先奪得多餘的物質和原本不存在的地位。人與人之間分出高下，不再完全平等，不再受到同樣的尊敬。人開始以單一的外在成就評斷個人價值，並賦予榮耀，強者高人一等的觀念隨之瀰漫。高人一等的觀念促使虛榮與

貪婪之心更不受節制地惡化。」

　　氣聚靈：「這種名位、虛榮、貪婪三者之間的循環惡化，造成今日有人為了慾望（物質和地位）使喚他人、操縱他人（美其名為領導），甚至施以傷害、殘殺。種種的惡行，已普遍而成常態。追求虛榮與名位，則成了人類生活的主要目標，更是人類生活壓力的來源。人類變得每天汲汲營營，為了應付所謂的現代化生活而忙碌、而緊張。短暫的休閒時間，只好用感觀刺激的短暫娛樂來舒緩精神壓力。再也沒有多餘的時間或精力，用以檢討生命價值的實在意義和自己生活應有的選擇。而人類對物質的貪婪，同時逐步毀壞人類賴以生存的自然條件。這是人類的『自作孽不可活』。」

　　「這是我為台灣族人被洗腦後的迷失而苦惱之外，另不時會對『現代人類捨棄靈性智慧的和樂生活而權謀競爭當道』感到憂心！」

　　氣聚靈：「我瞭解，但我對人類最深層的靈性與智慧仍懷抱一些信心，我寧願相信現時人類只是一時的迷失，希望人類的靈性智慧終會再覺醒。」

　　「是的，人類的靈性智慧應是會有再覺醒的一天。只是，到時人類已付出的代價未免太高了！而且，當人類再覺醒時，是不是還來得及維護萬物賴以

　　生存的地球環境，是不是還來得及挽救人類免於頹廢甚至毀滅呢？」

　　氣聚靈：「那就要看人類自己的造化了。」

第六回 —————————

得、失本無常

　　氣聚靈：「嗨！你好！」

　　「氣聚靈你好！很高興再與你相見。前次聽你所言『若真要勉強將人分別，世上只有身心相對健康的人和身心相對不健康的人』，我不禁感嘆，人生在世時，身心健康的差異和變化，天生實在不公平，又有何依存的標準？」

　　氣聚靈：「相對的身體健康是自然法則的恩賜，人必須惜福而感恩。相對的身體不那麼健康，人必須接受而自在，這不能以公平與否來論斷。因為身體健康是生命一時因緣的肉體表現，是機緣性的自然法則，心靈健康才是自我選擇的成就。而且，自然法則沒有絕對性，所謂身體健康是相對於所存在之環

境而言的，自然法則常是缺了一道門就多開了一扇窗。例如：恐龍壯碩無敵，於2億3千萬年前開始稱霸地球，僅歷經1億6千萬年即遭淘汰；蟑螂比恐龍早7千萬年出現於地球，看似無足輕重的弱小，卻存活超過3億年，至今活力不減。視力缺失的人，聽覺常有特殊的天賦。周邊血液循環較差或周邊血管對溫度比較敏感的人，易被凍傷所苦，卻較能免於內臟失溫而喪命。在現代資源集中的社會裡，一些腸胃蠕動過快、吸收功能不佳的人，非常高興可任意享受飲食口慾，不必負擔體重過度增加的問題，常自豪『天賦異稟』，但若在糧食供應不及的情況下，這些所謂有『天賦異稟』之人，必定很快首先餓死。在一個特定環境裡表現出較健康的肉體，會在另一個不同的特定環境裡顯得較不健康，反之亦然。」

「這有得必有失的認知，我還是有點困惑。例如，有些人天生缺陷，這是『失』。雖說『自然法則常是缺了一道門就多開了一扇窗，視力缺失的人，聽覺常有特殊的天賦』，但那僅是可能而已，這『失』之困境，有的人並未見代償，『得』從何而來？」

氣聚靈：「有些人具相對的身體缺陷，是自然法則隨機緣性的必然存在，個人或社會都必須接受而自在。這與失（缺陷）並存的『得』，須從社會與個

人兩方面來認識：就社會而言，有人存在相對的身體缺陷，可激發身體相對健康之人的感恩、惜福心理，感恩、惜福心理是人性社會存在的必要美德。人性社會對弱勢必施予照顧，感恩、惜福之心是靈性智慧的基礎，這是社會的『得』。就個人而言，相對的身體缺陷，可免去無此身體缺陷時附帶有的社會活動和責任，可獲得自主意識更開闊的時間與空間，這是個人的『得』。」

「這道理我是明白，人若不知感恩、惜福，則與禽獸何異？」

氣聚靈：「不知感恩、惜福之人，若真和禽獸一樣，那其實還好！因為禽獸智能低，其可能的為害並不深遠，大自然機制尚可彌補。但人被賦予智能，人類若不知感恩、惜福，人類膽大妄為的自我傷害力，以及對自然環境的破壞力，都遠超過大自然機制的修復能力。人類的造孽，多是後悔莫及。所以，現代人類既已存在數萬年，甚至數十萬年，多數人都潛存有感恩、惜福之心。少數人會得意忘形，是其殘餘的獸性失控而蒙蔽了人性。」

「雖說互助、平等、分享是人性潛存的理想，但若感恩心、惜福心未激發出來呢？真實的靈性智慧社會難得，在所謂的現代文明裡，還是有具相對身體

缺陷的人被歧視，甚至被遺棄！」

　　氣聚靈：「人既生為人，必具人性，扶弱救危是每個人的原始本性。有人之所以喪失人性，是所謂現代文明的名位、勢利當道，弱肉強食、強者互鬥的現象充斥，有人迷失其中而磨損人性，並不是常態。由於人性是可磨損而不會滅絕，即使貪婪霸權的社會，仍會有照顧極端弱勢的行為。因為極端弱勢對權貴不具威脅性，稍微照顧極端弱勢，可撐起充滿人性的表面裝飾。若缺了表面裝飾的人性，則其邪氣赤裸，與地方惡霸何異？」

　　「我知道，赤裸邪氣的權貴，即使威脅利誘，人性未泯的常人還是難以對赤裸邪氣長久信服，權貴的名利和權勢就不得安穩。」

　　氣聚靈：「所以，具相對身體缺陷的人被歧視，甚至被遺棄，是有可能發生在名位和勢利當道的所謂現代文明當中，但那只是偶爾不幸的機遇，不應也不會是常態。就如人人可能遭受意外災害一樣，努力加謹慎可減低災害，但無法完全避免，人都應自在地接受。」

　　「不論身體原本的缺陷，或是意外的傷害，人是理應自在地接受，但總是憾事。」

　　氣聚靈：「憾事？既知理應自在地接受，就不

必特別在意！世上萬物都因機緣而存在於大自然之中。既是因機緣而存在，機緣是不確定的機遇，萬物都不可能存在絕對的一致性。大自然現象是動態的，因為萬物都具多樣性，在動態的大自然環境中才得以不被完全淘汰，大自然也才能夠維持相對的穩定。這是自然界的必然法則，人當然不可能自外於自然法則。持續的優越與缺陷並存，是動態環境中萬物延續不可或缺的必然，甚至是必須。有健康的心靈就得以認知，今日所謂優越者與缺陷者的存在，都是過去全體人類留下的共同因緣，對今日人類的生存都有過貢獻，更也是人類將來在動態環境變化中，要得以延續生命的必備多樣性。因而，人若有現時看來是優越的體質，理應感恩，於大自然中是另賦有責任在的，不可得意。人若有現時看來是缺陷的體質，那是萬物在動態環境中要延續時，不可或缺的必然之一，所以不必責怪不公平，也沒有必要感受遺憾。也所以，人人都得謙虛，以真正平等的心態，互助、分享，並與自然環境和諧生活。人若心存優越或缺陷的不自在感覺，會散發比較心，有比較就帶來競爭，競爭誘發貪婪，貪婪造就霸權。霸權肆虐，人人不得安寧，看似有優越的人或有缺陷的人，都不能倖免。」

「我瞭解了！那心理的健康呢？難道也是由自

然法則的機緣性出現？也是沒有絕對性？」

　　氣聚靈：「當然不是！個人的心理健康是個人自己內心的選擇，是個人自己的心理所成就之善惡結果。個人心理健康形成的過程，雖必然會受其生活環境所影響，但結果的形成，主要仍是個人自己的選擇。而這心理之善或惡，對他人及環境所造成的助益或傷害，其實和對其自己本身的助益或傷害是相等的。」

　　「你是說，一個人對別人及環境做了多少傷害，對自己也是有同樣的傷害？」

　　氣聚靈：「是的」

　　「但是，有不少權貴、巨賈、顯達，為了成就其貪婪，對社會做出了無數的傷害，仍像是終其一生的榮華得意。」

　　氣聚靈：「那只是表面的『像是』。權貴、巨賈、顯達，甚至赤裸惡霸，為了成就其貪婪之所謂偉業或尊貴的虛榮，必須汲汲營營於勝出。功成名就之後，更須時時和人比較長短，提防有人可能會突起而超越自己、打敗自己。而且，偉業或尊貴之虛榮成就，是貪婪的養分。有了成就，貪婪就更無止境地壯大。輕者因欲求隨貪婪的不斷增大而永不得滿足，內心煩惱與壓力長存，不得安寧，心靈更是空虛。重者

為掠奪而勾心鬥角，鬥爭中惡行盡出，不擇手段欺負善良、打擊對手。劇烈鬥爭中，眾多被擊敗者必是悽慘。少數僥倖勝出者可能看似終生尊榮得意，但周遭同樣的貪婪與權謀環伺，為維護其表面的偉業和尊榮，妒恨、爭鬥、猜忌、驚悸之心更是一刻不得鬆懈。就為了虛榮，終生不停的妒恨和爭鬥，付出一生不得安寧的代價，就人生而言，這是何等痛苦的壓力，真值得嗎？何況心靈的空虛、靈性的磨滅，還可稱為『人』嗎？那是禽獸啊！甚至於禽獸不如！仔細想想，這真是人要過的生活嗎？」

「這種生活本來就不應該是人要過的，但是，現代社會的權貴、巨賈、顯達看似樂在其中，常常還眾多人稱羨呢！」

氣聚靈：「這是因為所謂的現代文明社會，長期都已是由這群權貴、巨賈、顯達所主導、所掌控。在所謂的現代社會中，權貴、巨賈、顯達都是以虛榮面向之權謀競爭的勝出者，在現代社會的結構中，他們是掌握權勢的一群，容易占盡便宜，對別人頤指氣使。無聊時更以炫耀虛榮為樂，炫耀的是『我能眾人所不能』和『我有眾人所沒有』，所以看似樂在其中。其實，所謂的『能眾人所不能』、『有眾人所沒有』，對人的安樂生活有何實質益處？」

「我知道，『能有某一方面的超越成就』必有偏執。例如：富豪、權貴；甚至奧林匹克金牌選手和所謂的天才，多是最偏離常軌之人，不應是眾人羨慕或學習的對象。」

氣聚靈：「該成就若真是有益且無害於靈性生活，是可稱許，還是無需羨慕，也不值得特別敬佩。因為人生在世是多面向的綜合體，大自然都是在變動中趨向平衡，一方的『得』必連帶另一方面的『失』。差別只是在於，有的『得』因顯現眼前而虛榮易見，有的『失』存在背後或包容其中而被忽視。至於『能對別人頤指氣使』者，都是狂妄又不知感恩之人，必是心靈空虛，且周圍必是多人虎視眈眈，急欲取代而後快，更不值得羨慕。」

「我瞭解，能對別人頤指氣使，必須提防可能有人反撲。住宮殿豪宅或擁有奢華財物，並不比常人生活得安穩，還須付出多餘的心力維護。天天有燕窩、魚翅食用，除了以能獨享貴稀自滿，並不能增進健康。穿金戴銀，除了虛榮傲人，對個人並無其他助益。無論如何，人還是人，並不能免於生老病死。」

氣聚靈：「由於現代人類靈性之『氣』飄渺，貪婪之『氣』突顯，若無足夠的靈性智慧，就不會想到在爭奪名利、權位過程中，落敗者下場的悽慘。更

看不到勝出的權貴、巨賈、顯達們心靈空虛，又永遠不得滿足，且猜忌、驚悸不止的痛苦。若無足夠的靈性智慧抵擋虛榮誘惑，就可能會油然而生『我也想要』的貪念，是很容易會對權貴、巨賈或顯達稱羨。」

「我瞭解了！在所謂現代文明的功利主義社會中，財富、名位、權勢環環相扣，行成惡性循環，進而強化財富、名位、權勢對大眾的誘惑。人們追求財富、名位、權勢時，同好匯聚，一路群眾相伴。爭得財富、名位、權勢時，更是欽羨與勢利環繞，眾人簇擁。但成就所謂財富、名位、權勢之人，是競爭中的勝出者，總是少數。眾多落後者，隨即陷入失望、不滿、妒恨和孤獨的痛苦。少數勝出者，因為擔心隨時的一不小心，即可能被超越、被擊敗，也進入時時備戰與猜忌的緊迫狀態，不得安寧。而且，勝出者人前一付尊榮得意，傲氣逼人；一旦獨處，周遭簇擁者消散，虛榮退去，更是滿身孤獨，只剩突顯的空虛與寒意。」

氣聚靈：「財富、名位、權勢，招搖顯赫，吸引眾人目光。勝出者招搖時，備戰與猜忌的緊迫，以及失落時，孤獨、空虛和相對妒恨的痛苦，總是在陰暗的角落獨自承受，一般大眾不易知覺，難以有所警

惕。」

「所以，人們若洞察力的智慧隱晦，就易盲目羨慕。」

氣聚靈：「是的！而且，自然因緣所賜的珍貴人生其實不長，把終生浪費在這種權謀競爭的緊張和壓力之中，值得嗎？可憐的是，這些所謂勝出的權貴、巨賈、顯達，都在人生大限來臨之時，才知悔恨，非常痛苦，並自責不已！」

「這『所謂勝出的權貴、巨賈、顯達，都在人生大限來臨之時，才知悔恨，非常痛苦，並自責不已』的情形我是有些瞭解。我年輕時曾接觸過數百生命最多只剩數個月的人。我發現，當被告知他們的生命最多只剩幾個月時，凡是有財、有勢、有名、有地位的人都不能接受，都普遍很痛苦的忿忿不平。凡是沒財、沒勢、沒名、沒地位的人都不太激動，僅是嘆口氣，傾向淡然接受。」

氣聚靈：「兩類人會有這兩種完全不同反應的原因是：原來每人都知有生必有死，死亡是真實人生不可能脫離的一部分，只是無人真正時時警覺。等自己的死期最後確定了，這些自以為高人一等的有財、有勢、有名、有地位之人，心中充滿了怨與恨，拒絕接受。首先又怨又恨的對象是別人，認為要死的應該

是不能和自己相比擬的別人，因為此時他們還自認高高在上、應永享尊榮，凡人不能與其相比。隨後，他們終會不得不承認，他們自己與他們所謂的凡人並無任何差別。回顧其追求輝煌騰達的一生，發覺財、勢、名、位何其不值，不敢再輕視平凡，於是，又怨又恨的對象轉向自己。他們想到，若他們能及早警覺有今日之死期，這幾十年來，他們根本不該為了這些現在看來多餘的財、勢、名、位，把寶貴的人生浪費在那樣汲汲營營地與人拼鬥，而是應該要享受謙虛、平實的和樂日子，於是悔恨、痛苦，並自責不已。再回顧其一生因追求財、勢、名、位所造的孽，心中充滿罪惡感，進而又害怕報應，恐懼、驚嚇不止。」

「而且，因為他們是一群曾經自認為也被認為是有能力、有辦法的人，應能自己決定所要的生活型態，但為時已晚，後悔莫及。所以更是非常痛苦地責備自己、怨恨自己。」

氣聚靈：「反觀沒財、沒勢、沒名、沒地位的人，縱使多年以前即知死期，他們還是會過著同樣的生活、同樣的日子。因為他們是自認為或被認為沒有能力、沒有辦法的人，不會或不能改變自己的生活型態與環境。所以，現在得知死期時，只是驚訝，只是未曾想到會這麼近、這麼快。既然明知有生就有死，

無可避免，也無可奈何，那只有坦然接受了。而且，因為能免於貪求權勢、名位、虛榮，回顧其一生，雖然難免曾歷經平常人的偶爾小錯、小過，並無大惡，罪孽不深，沒有恐懼，自然就能平靜而安祥地面對必然的死亡了。」

第七回

到底人類真正需要的是什麼

氣聚靈：「你好！」

「你好！前次我們說過，得、失本無常，從某一面向看似的『得』，若從其他面向看來，其實多是『失』。不禁令我思考，貪婪何其不值！」

氣聚靈：「不僅因得、失無常，所以不值得貪婪，貪婪更是缺乏智慧的偏執欲望，是人類各種災難的根源。」

「何謂偏執欲望？」

氣聚靈：「偏執欲望是缺乏足夠智慧的情況下，一時一面向的欲求。也就是說，在一個時段內，人僅從單一方面思考時，產生『如果能那麼樣，似乎比較好』的意念。因為缺乏足夠智慧，所以僅曉得從

單一方面思考，沒有顧及『那麼樣』時，其他方面會遭受到的影響，也沒有顧及『那麼樣』時會衍生出的負面傷害。而這其他影響和傷害的結果，多數是個人或全體人類難以收拾的災難。」

「我知道了！例如：世上本來就已是萬物共生、與自然和諧的動態平衡機制。由於偏執欲望的功利主義科技發展，現代科學家製造出殺死所謂害蟲的農藥殺蟲劑，以能提高農作物收成引誘農人使用。部分農人使用農藥殺蟲劑後，會覓食農作物的所謂害蟲往外逃竄，其他農人的農作物加倍受害，逼使其他農人不得不也使用農藥殺蟲劑。於是，農人全面使用農藥殺蟲劑，藥廠獲得龐大利益。可是，農藥殺蟲劑不只殺死所謂的害蟲，同時也傷害那些自然界得以控制蟲害的益蟲（所謂的益蟲，是以所謂的害蟲為食物來源）。而且，由於全面使用農藥殺蟲劑，造成所謂的害蟲大量減少，益蟲欠缺賴以為生的食物來源。益蟲同時受到農藥殺蟲劑的傷害，加上欠缺食物來源，益蟲就消失得比害蟲更快。益蟲的消失，害蟲沒有天敵，只要一有繁殖機會，就迅速大量繁衍而失控。此後，農人若不使用農藥殺蟲劑，農作物就會被所謂的害蟲一掃而光，農人沒了收成。於是，此後農藥殺蟲劑成為農人不可或缺的依靠。農藥殺蟲劑不只殺蟲，

也毒害環境、傷害人類健康。更由於所謂的害蟲歷經接觸殺蟲劑之淘汰，其後代自然逐漸產生抗藥性。科技藥廠必須再研發、生產毒性更強的農藥殺蟲劑，才得以有效抑制害蟲。如此惡性循環已失控而不得終止，對萬物賴以為生之地球環境的毀壞，以及人類健康的傷害，已可見將無法收拾。而這只是眾多因為人類貪婪，導致難以收拾的許多恐怖例子之一而已。現代人類缺乏靈性智慧的貪婪，真是自作孽不可活！」

氣聚靈：「是的，所以靈性智慧的族群，因能及早知覺這道理，就發展出人間樂土的智慧文明。這些懂得平實、安樂智慧生活的靈性社會族群，環境內靈性之『氣』充滿，長期生活在謙虛、溫和、互助、平等、分享以及與自然環境和諧生活的智慧樂土中，遂安居而樂活。可惜的是，及早擁有靈性智慧的族群，由於長期習慣於生活在智慧樂土之中，樂天安居。『地球上萬物相互依存是不分遠近』的世界觀認知漸次淡薄，繼而被疏忽。殊不知在遙遠地方，有人類殘存『成者為王』之獸性不受控制，繼而超越並壓制了人類原本依智慧增長所孕育出之靈性，紛紛建立貪婪霸權，靈性社會的智慧樂土難保不被波及。」

「我知道，壓霸者自立為王，必奴役弱小，統領族群。壓霸族群再掠奪資源，併吞弱小族群，建立

大國，貪婪不止。大國既有人力、資源、土地的優勢，在現代化（其實是提昇稱霸武力和炫耀所謂享受的競爭）過程中更能領先，使善良小國居弱勢而無力與之抗衡。」

氣聚靈：「更由於智慧樂土的社會，已棄絕集權拼鬥的武力，被霸權侵略就只是快慢的差別了，最後終免不了遭殃而成了犧牲品。」

「擁有平實、安樂的靈性智慧生活之族群社會，逐一被侵略而瓦解。於是，邪惡之『氣』充斥，靈性智慧之『氣』飄渺。」

氣聚靈：「人和人之間也就開始追逐虛榮面向，貪婪地相互比較、權謀競爭。於是功利、權勢當道，就形成了所謂的現代社會。」

「這些長期樂天安居的靈性社會族群，終不免遭受壓霸族群的侵襲而瓦解。這有點類似『獨善其身者，並非就能永遠免於災禍的降臨』之道理。」

氣聚靈：「是的！地球上及早擁有靈性智慧的族群之中，Paccan（台灣）是早於五、六千年前就持續有認知地球村的世界觀，所以不斷地努力向海外各地傳授自己的智慧文明和文化，對外教授天文、數學、地理、航海、水利建設、捕魚、造紙、引火藥柴、燒陶等知識。希望藉由指導先進文明、文化，以

改善其實質幸福生活的機會，試圖及早將『成者為王』之獸性未除的無知人類，導向靈性智慧的生活社會。範圍廣及當時的中國、日本、菲律賓、越南、泰國，再逐漸遠及印度洋、婆羅洲和南洋島群，甚至更遙遠的各地。希望開導他們，使他們相信，遵循『戒慎貪婪、謙虛分享、與自然和諧共存之生活』才是靈性智慧的社會，也是人類永續幸福生活的依靠。」

「可惜的是，當時各地大都已有長期的霸權肆虐，霸權散發身份、地位的慾望與較勁，於是貪婪的野心難以抑止，最後還是徒勞無功。」

氣聚靈：「更悲慘的是，Paccan（台灣）於四百年前，終究也不能免於開始遭受貪婪之霸權族群的啃蝕而遭殃，後來並逐步隨之沉淪。」

「看來人類是正在走向自我毀滅之途而不自知，毫無警覺。真令人膽顫心驚！」

氣聚靈：「現代人類是正朝向自我毀滅之途在走，但也並非完全沒了希望。仍是有不少留有真實靈性智慧之人，心存警覺，並試圖盡力導正。」

「只是，在名利當道的社會中，這些靈性智慧之人都已被排擠到晦澀角落，無從彰顯正面力量，如何會有足夠的導正力量？」

氣聚靈：「當人類因貪婪而肆無忌憚的權謀競

爭，所引發的毒害進一步惡化時，人類所散佈之劇毒，對環境的破壞和對人類自己的傷害，再也無人能倖免，更難以忽視；人與人因爭鬥而互相殘害也趨白熱化，感受到警惕的人必多。這時能受靈性智慧感動的人必會增多，試圖導正的力量就可能彰顯而有效發揮作用。人類還是有希望的。」

「只是，屆時人類自己付出的代價，恐怕未免太高了！」

氣聚靈：「這是人類殘存『成者為王』獸性之復活與失控所導致的後果，是人類的自作孽，無可奈何！」

第八回

是努力或是貪求

　　氣聚靈：「你好！」

　　「你好！前次我們談到，人類要享有真正永續幸福之平實、和樂的靈性智慧生活，人必須戒除貪婪與競爭，那是不是表示，靈性智慧之人要隨緣而懶散出世？我困惑！」

　　氣聚靈：「不，靈性是隨人的智慧不斷認知而增長，人須充實自己才能增長智慧與靈性。隨緣是應該，然而出世無益於智慧與靈性，隨緣指的是不必、也不可過度勉強，但絕不是懶散。人性本是社會型的靈性，懂得互助、分享、和諧的生活智慧，智慧充實靈性，互助、分享、和諧的靈性再充實智慧。靈性智慧者不可能懶散，懶散會使靈性智慧不進而退。」

　　「我懂了：世上整體環境是不時隨機異動的。維持永續幸福的安樂生活，需要充足的智慧以應對自然環境的考驗。環境的聚『氣』時有變化，對生活之人也時有影響，需要足夠的智慧才能做出正確的接受或排拒。智慧需隨時增長才得以有效的應對環境的隨時變動，而智慧的增長是人為努力的主動積蓄。適當的物質生產，也是人類維持永續幸福並增進安樂生活之所須。人當然不可懶散！」

　　氣聚靈：「只是，如前所言，個人的努力只要在平常心內盡力即可，個人的努力若過度勉強則失之貪求。貪求之心必失偏頗，不論對個人或整體環境，都易帶來不應有的附加傷害。」

　　「但是，努力與貪求又要如何調適其分別呢？」

　　氣聚靈：「努力與貪求的立基、過程與目標都不同。努力是立基於平常心的上進意識和態度；貪求是立基於片面偏頗心的欲望和衝動。努力的過程是溫和、穩定、安心，自己和整體社會和諧而聚靈氣；貪求的過程是激進、躁動、放肆，個人或個別團體在整體社會中與他人較勁而聚戾氣。努力的目標是充實自己和整體社會；貪求的目標是尋求個人或個別團體在整體社會中的凸出或勝利。所以，努力是在促進智慧

和福祉，並兼顧人類社會與自然環境的永續和諧；貪求為的是各自獲利與勝出，不顧其他，甚至不惜犧牲他人以及以傷害社會和環境作代價，也傷害自己。」

「我知道了，以製造大眾化通訊手機為例：實業家費心研發通訊手機，是貪求。研發通訊手機是立基於個人的獲利，以『讓人方便、享受、勝出』為誘餌，吸引大眾買來擁有。巨賈貪求的是利得，為了增加獲利，生產成本須減低，盡可能地剝削為其生產的員工薪資和福利。製造過程消耗不可再生資源，對地球萬物釋放的毒物（人類自己其實是首當其衝），必要隱瞞或忽視。使用通訊手機散發強力電磁波對人體及環境的影響以未知、未確定為由不予理會。還不斷提昇功能，吸引汰舊換新，增加累積的劇毒垃圾。大眾貪求的是『方便、享受、勝出』，而通訊的方便，使得人與人之間的競爭更趨劇烈，壓力日增，人就時時更加處於緊張狀態。而且，遠距通訊的方便，驅使人捨棄親近關懷，更使人與人不自覺地疏離，人們熱情相處、互動的幸福感隨之淡薄。長此以往，人的生活朝向物化和機械化，人性的意義和價值終將逐漸流失。」

氣聚靈：「得名利者個個自以為高高在上、占盡便宜，就可免除其害。殊不知這毒害的散佈，並無

人得以倖免。而有貪求就有權謀競爭，須費盡心思打擊對手、勝出對手，甚至於拉垮對手，以獨攬利得。對其己身而言，有競爭就有勝敗，敗者固然淒涼，勝者雖一時表面尊榮得意，但周遭同樣的貪婪與權謀環伺，勝者猜忌、驚悸之心永存。就為了虛榮，須付出一生猜忌、驚悸而不得安寧的代價。」

「而且後浪推前浪，一時的勝出，慘敗可能就在後面不遠。人的貪求，終必以犧牲人類社會和環境，甚至自己的實質福祉作代價。」

氣聚靈：「所謂的權貴也是這情況，貪求權勢立基於肆無忌憚的野心，過程是以威脅他人或利誘他人附和，以壯大自己。權謀打擊對手，無所不用其極。勝者為王，奴役眾人，散發乖戾邪氣，把人類應有的和樂生活破壞殆盡，對人類靈性智慧的傷害更是深遠。被擊敗者固然下場悽慘，勝者自己猜忌、驚悸的壓力和痛苦也是不止，表面上看似尊榮得意，但實質生活上有何安樂可言？」

「可是，貪婪與較量卻是進取的有效動力，壓霸的個人或族群因此能迅速壯大而武力強悍。靈性智慧的社會顯得相對弱勢，必遭侵略而崩潰，全體人類終究還是免不了走向自取滅亡！」

氣聚靈：「所以，及早擁有靈性智慧的個人和

族群，有責任努力向世界傳播靈性智慧的文明。只有當全體人類都進入靈性智慧的生活社會時，人類才能真正享受靈性的安樂福祉。」

「可是，Paccan（台灣）族人是至少早於五、六千年前即有這認知，也努力過，仍抵擋不了霸權肆虐，最後連自己也不能免於遭受貪婪霸權的摧殘。現代的貪婪霸權更是強暴百倍，人類的靈性智慧要想復興，看來希望渺茫。」

氣聚靈：「是很難，但希望並非渺茫。如前所說，仍是有不少留有真實靈性智慧之人，心存警覺，有了醒悟，並試圖盡力導正。只是在名利當道的所謂現代社會中，這些有真實智慧的人都被排擠到晦澀角落，一時無從彰顯而已。當人類因貪婪而肆無忌憚的權謀競爭所引致的毒害進一步惡化時，人類所散佈的劇毒和對環境的破壞，其傷害再也掩飾不了。而且，人與人因爭鬥而相互殘害也已白熱化，感受警惕的人也多了，試圖導正的力量就可能彰顯而有效發揮作用。人類應該還是有希望的。」

「只是壓霸的個人或族群已快速地持續壯大，靈性智慧的個人或族群勢難抗衡，仍是成效不濟。」

氣聚靈：「所以及早擁有靈性智慧的個人或族群必須努力，責無旁貸。」

　　「可是你之前又說過『這努力只要在平常心內盡力即可』，這平常心的努力如何能動搖得了霸權的貪婪意識？」

　　氣聚靈：「主導所謂現代文明的權貴、巨賈、顯達，基於貪求，是有知識而無智慧。現代靈性智慧的個人或族群，因戒慎貪婪，部分相對知識的進展自然看來遲緩。所以，在所謂的現代文明中，及早擁有靈性智慧的現代個人或族群必須努力，努力於再認知現代文明因虛榮及貪婪已發展出的知識，當現代靈性智慧的個人或族群重新擁有的知識不亞於現代權貴、巨賈、顯達，甚或超越時，現代權貴、巨賈、顯達的貪婪就會較易被說服。所以，及早擁有靈性智慧的現代個人或族群必須努力，免得虧待甚或浪費擁有的靈性智慧，就面對全體人類的共同福祉而言，也是責無旁貸。」

　　「靈性智慧的個人或族群若要努力再習得所謂現代科技，甚至超越，以制衡所謂現代文明肆無忌憚的虛榮貪婪，那不是就參與了現代科技的毒害，也墮入參與較量、相互競爭的放肆。」

　　氣聚靈：「努力於再認知現代科技知識不必是實習，也不是要用來制衡所謂的現代文明，是用來使靈性智慧的知識重新更充實。更充實的靈性智慧知識

才得以讓現代權貴、巨賈、顯達信服，以引導他們也能及早認識靈性智慧者的遠見，以期有效地早日說服權貴、巨賈、顯達放棄虛榮與貪婪。」

「只是，在貪婪霸權充斥的所謂現代文明中，及早擁有靈性智慧的個人或族群即使努力，何時才得以完成建立整體人類永續的靈性智慧社會呢？屆時人類散佈的毒害恐怕已難淨除、環境的破壞已難復原，人類自己付出的代價未免太高了！」

氣聚靈：「所以，及早擁有靈性智慧的個人或族群，必要承擔示範的責任，努力提早有效傳遞『現代人類肆無忌憚貪婪是自作孽』的警世意識，並宣導『謙虛、溫和、互助、平等、分享以及與自然環境和諧』的靈性智慧生活，才能挽救這可預見的人類與地球浩劫。當然，所謂現代文明的社會，已功利主義當道，又霸權肆虐，即使經過靈性智慧的個人或族群之努力，也無法保證一定能在人類不免於自我毀滅之前喚醒全體人類。但是，及早擁有靈性智慧的個人或族群知道須為所應為。至於結果會如何，那就看人類自己的造化了！」

第九回 ——————————
顯達心態之為害

氣聚靈：「你好！」

「你好！受你上回引導，我瞭解靈性智慧之人是知努力而不貪求。此時我聯想到，就單純追求顯達者而言，這種追求，似乎是屬於努力與貪求之間的兩可地帶，若不沾權貴，其負面作用應該是沒那麼惡劣了吧？」

氣聚靈：「不，單純顯達者的追求，對人類社會與環境的直接傷害，雖然表面看似較小，但單純顯達者追求的是接受廣泛敬佩與表揚，也是把『高人一等』的印象深植人心。傾慕『高人一等』的心態，引誘人以單向力量的成就相互比較而分高下，分出高下的競爭是貪婪的根源。所以，就潛在的心靈傷害而

言，單純的顯達對人類靈性智慧的負面影響，不見得
比較小。」

「我懂了！地方惡霸，罪行袒露，常人難以認
同，都僅得以短時間內的妄行得意。權貴、巨賈，以
『競爭才有進步』的面具遮掩其壓霸、貪婪的惡行，
又披上『尊榮外衣』，引人稱羨。權貴、巨賈是能橫
行較久。然而，其霸權罪行，仍可由逐漸看穿而被知
覺，其為惡也不可能長久持續。至於顯達，事實上多
數顯達者是受壓霸權貴提拔或依附權貴而存在。是有
少數單純顯達者能遠離權貴，但仍脫離不了『高人一
等』的意識，人可或要分高下的觀念就此深植人心。
由於人與人較量的意識不斷，壓霸的個人和族群遂得
以伺機竄起。」

氣聚靈：「更由於單純顯達者不沾權勢，眾人
較難察覺其散發『比較心』的異質氣。這『比較心』
異質氣，損傷人類的靈性智慧於無形之中。缺乏警惕
的顯達意識，其實是使得霸權容易肆虐的原凶。」

「貪婪的霸權，由於引發的妒忌環伺，爭鬥不
斷，就易崩潰而遭取代。單純的顯達由於少有白熱化
的鬥爭而易長存，且不易令人警覺，因而其散佈比較
心異質氣的為害，常更是深遠。」

氣聚靈：「所以，若追根究底，即使是單純的

顯達，也絕不可輕忽其背後引人貪得的精神毒害，人不可不戒慎。」

第十回

理想質變的例子

　　氣聚靈：「你好！」

　　「你好！受你提醒，我瞭解到，人是不應貪求，但仍要努力。靈性智慧社會的族群，仍應努力於重新認知所謂現代文明因虛榮、貪婪已發展出的知識，才會較有說服現代權貴、巨賈、顯達的能力。這時令我想起釋迦牟尼的悟道。釋迦牟尼悟道後的理想世界，和Paccan（台灣）原智慧樂土的靈性社會諸多相近，所以引領我作較多的探究。釋迦牟尼世襲權貴，身處充斥著虛榮、名位與貪婪的階級社會，他領悟到，權勢、名利及過度欲求對於安樂的生活福祉何其不值。於是釋迦牟尼以身作則，宣揚並試圖建立謙虛、戒貪、平等、分享與環境萬物和諧的靈性生活社

會。只是釋迦牟尼的用心和努力，終究仍免不了當時當地霸權肆虐的衝擊而成效不張。是不是因為釋迦牟尼及他所帶領的信眾專注於靈性智慧，疏略了權貴、巨賈、顯達基於貪求已發展出的知識，以致無法讓權貴、巨賈、顯達信服，也無力說服權貴、巨賈、顯達放棄貪婪所致？」

　　氣聚靈：「是原因之一，但不完全是。這裡面主要是還有時間和大環境的因素在。當時釋迦牟尼所處的印度環境，不但已貪婪霸權肆虐，還存在根深柢固的階級制度，釋迦牟尼宣揚的謙虛、戒貪、平等、分享以及與環境萬物和諧之生活，正是抵制階級制度，更是挑動權貴勢力的大忌。釋迦牟尼有難得的心靈智慧，卻無應對功利權勢的認知。釋迦牟尼在建立如何應對權貴勢力的智慧知識之前，就急於推動理想。權貴的既得利益感受威脅，以致無法避免權貴勢力的打擊。釋迦牟尼建立的社群，不久即遭權貴勢力襲擊而潰散，其信眾更是因而受害。潰散的原追隨者是有一些逃脫成功，遠赴外地試圖延續他的餘蔭。遺憾的是，這些逃脫成功，遁往外地的原追隨者，因經歷過權貴勢力傷害的驚嚇，又靈性智慧不足，一心專注於圖謀生存，不但不知遠離權勢，甚至依附權貴勢力，釋迦牟尼的理想從此變質。釋迦牟尼的用心和努

力，非但成效不張，釋迦牟尼還成了現代貪婪者用來騙取虛榮名利的偽善工具。」

「我知道，原釋迦牟尼的理想原義，是戒貪、無私、謙虛、平等、分享，與大自然和諧共存。所有人類的智慧修持，完全達到這境界，才能走上真正和樂、無罣礙的生活。釋迦牟尼認為，傳道者只是傳播認知的靈性智慧，自己先謙卑自省，再希望大家能一起得到這種靈性智慧的生活。所以傳道的智者並不異於常人，先知智者不是領袖、不是官位，也不受供養，除非身體有恙，一日不作一日不食。因為無私、分享，所以先知智者一無所有，隨遇而安，實踐與眾生平等。」

氣聚靈：「後來的釋迦牟尼理想追隨者，靈性智慧不足，為了生存，將就附和權貴勢力，不再堅持戒貪、分享、平等。也因為不再信仰謙虛、無私、與大自然和諧共存，後繼者逐漸接受名利誘惑。後繼的所謂傳道者，自以為高人一等，更貪婪地強調一些怪力亂神。先將釋迦牟尼神格化，再神格化他自己，以迷惑、愚弄、引誘甚至唆使信眾賣力奉獻，供他們自建豪華宮殿、奢侈食衣住行，以及滿足名位虛榮的貪慾，更進一步突顯所謂傳道者的身份、位階和尊榮。名為出家，卻是謀取權勢、尊榮和名利。要他人犧

牲、奉獻，以慈悲、善念掛名，甚至以贖罪威脅、以福報利誘。做法是以功利主義的事業形態經營，為的是成就自己的尊榮和勢力。還使喚他人、指揮大眾、參與權勢鬥爭。於是，勝出的所謂宗教領袖就成了佛霸、教霸，其行為舉止，根本與釋迦牟尼的理想原義背道而馳。」

「釋迦牟尼理想原義的基礎，是心靈的修持，首要戒除物質、名位的貪婪。所以釋迦牟尼及其原追隨者隨遇而安，衣是用來蔽體、禦寒而已，飲食以維持健康就好，屋能擋風遮雨即可。釋迦牟尼及其原追隨者自認無異於常人，只是因緣早識靈性智慧，負有傳道的義務，以期和世人一起，早日走向人類應有的和樂生活社會。釋迦牟尼及其原追隨者不覺尊榮，也不受供養，除非身體有恙，一日不作一日不食，實踐與眾生平等。現代所謂的宗教領袖，卻號稱禪師、大師、上師，有的甚至自稱尊者、活佛、聖尊，不但自負高人一等，還高高在上。更競相集資大眾善款，用以自建奢華宮殿，收買名位，奢侈食衣住行，相互較勁。這完全是虛榮與貪婪的化身，是把信眾視為家奴化的私產。這是舉著佛教大旗反釋迦牟尼！」

氣聚靈：「追根究底，這始自釋迦牟尼追隨者的依附權貴勢力求生存，自是甩不掉勢利的心念，繼

起的所謂宣教傳道者，不虛榮、名利纏身才怪！既已滿懷勢利和虛榮，繼起的所謂宣教傳道者更窺見，舉著釋迦牟尼的大旗，以慈悲、善念為名，要他人犧牲、奉獻，是低成本的高獲利事業。收入穩定又無風險，還可享受終身的名位、尊榮和權勢，於是沉淪下去，再也不能自拔。」

　　「我就讀過一份釋迦牟尼及其原追隨者留傳下來的文件，這文件寫到：『釋迦牟尼及其原追隨者為了宣教傳道，成立一處培育有志傳道者的學習營。學習營內的學員，定期會列隊外出托缽，托缽不同於行乞，行乞是主動的要求他人施捨，托缽是提供大眾助人的機會，是善意的被動接受。助人是心性的喜樂，能助人是自我價值的肯定。由於當時已是權貴、巨賈和階級肆虐的社會，百姓更是被剝削至難得溫飽，多無與人平等的自信。家內留有的僅是前餐所剩飯菜，更少有機會能享受助人所帶來的心性喜樂。眾人知道，有志傳道的學員謙虛恭敬，不會有嫌敝之心，所以才敢把粗鄙的剩飯菜，往學員所托之缽送上。學員誠心鞠躬道謝，也當場恭敬且歡喜地進食受惠的飯菜。於是，百姓享受了助人的喜樂，感受到了存在的價值，進而建立與人平等、分享的信心。』這才是有志傳道者托缽的真意。現代的所謂出家和尚和尼姑，

卻有的以結緣之名美化其行乞之實，有的以福報或名位引誘施予，更多的是強調一些怪力亂神，以愚弄、甚至恐嚇信眾，使信眾為贖罪或貪求福報而奉獻，都是為了成就所謂宣教傳道者自私的利益、尊榮和權勢。於是和尚、尼姑聚集財富，競相建築華麗宮殿，展示豪奢，貴氣逼人。人性之頹靡，莫過於此。」

　　氣聚靈：「繼起的所謂宣教傳道者，既甩不掉勢利的心念，當然虛榮纏身。釋迦牟尼及其原追隨者的理想，是想要建立不貪、無私、謙虛、平等、分享，與大自然和諧共存的和樂、無罣礙社會，所有傳道者都是先以身作則。後期的所謂宣教者，既然甩不掉勢利的心念，更虛榮纏身，於是釋迦牟尼的大旗，就成為只是用來揮舞，用以愚弄、迷惑眾人的工具。戒貪、戒嗔、戒癡就成了只是用來教訓別人、愚弄手下，以及驅使眾人甘心供奉的手段而已。」

　　「依我的觀察，一些較嚴謹的基督教、天主教團體裡，反而還能看到一些釋迦牟尼理想原義的影子。釋迦牟尼也真是可憐，他靈性社會的智慧理想，不但化為烏有，今日還變成了貪婪者利用的工具以及揮舞的權杖。」

　　氣聚靈：「其實，釋迦牟尼的靈性社會理想，還是有其餘蔭在。還是有一些真心修持釋迦牟尼理想

原義的人，秉持不貪、無私、謙虛、平等、分享的理想，默默在延續釋迦牟尼的教誨。只是因為他們秉持無私、謙虛、平等，在名位、勢利當道的今日社會中，都被排擠到晦澀角落，一時無從彰顯而已。」

「這些真正領受釋迦牟尼原義理想的人，為何不見他們出來維護釋迦牟尼理想的原義呢？」

氣聚靈：「正因為他們秉持謙虛、自信平凡，不追求名利，在現代功利文明社會中較難凸顯。」

「我是指釋迦牟尼理想原義的闡釋。或許釋迦牟尼真正之理想原義，可能還有懂得珍惜的追隨者在，但我卻在所有舉著釋迦牟尼旗幟的所謂禪師、大師、上師、尊者、活佛、聖尊身上，完全看不到釋迦牟尼的理想原義，大部分甚至背道而馳。」

氣聚靈：「懂得釋迦牟尼之真正理想原義的追隨者，是有以平常心在努力。這平常心的努力，正是靈性智慧之人所須秉持的，以免因勉強而墜入貪求的負面後果。事實上，他們平常心的努力仍是有一些成效在的。例如，你不是就瞭解了不少釋迦牟尼靈性智慧的真正原意嗎？」

第十一回

戒慎殺生的真意與偽善

氣聚靈：「你好！」

「氣聚靈你好！上回我們談到釋迦牟尼理想原義的質變，使我想起幾件親身的經歷。我在大學時曾主持社團，社團邀請一位所謂『大師』的星雲來演講，會後恭請這位星雲大師到一家大師熟悉的素食餐館用餐。就座後，突聞這位『大師』向服務人員要求，要服務人員發誓所用餐具絕不曾有沾過葷，我頓時驚訝萬分。隨之恭請『大師』自點數樣喜好或習慣的飯菜。這位『大師』開口就說：『三杯雞、紅燒鰻魚、東坡肉』，我更傻眼。回學校討論時，我提及自己的驚訝與傻眼。

多數同學辯解說：『【三杯雞、紅燒鰻魚、東

坡肉】只是模擬葷食口味的菜名，還是素食，並無不妥；要服務人員保證所用餐具不曾有沾過葷，更表現【大師】的堅持戒律，應感到敬佩才是。』

　　我說：『釋迦牟尼理想原義的基礎在於心靈的修持，【三杯雞、紅燒鰻魚、東坡肉】都只是模擬葷食口味的素食菜名沒錯，但出自欲念，且顯示【大師】貪圖雞、魚、肉的葷食口味。若出自常人，是無可厚非，但出自一個接受大師封號、自稱風範導師之人，大家不覺得奇怪嗎？至於要求保證所用餐具不曾有沾過葷，是矯情，更是偽善得過分。被沾過葷的餐具，本身有何罪過？為何必須領受所謂【大師】的鄙視？若以所謂【大師】之鄙夷葷食來看，則被沾過葷的餐具就如曾遭受惡霸凌虐的善良百姓，若尚存人性，理應會善待，理應會更加疼惜。所謂的【大師】藉餐具裝模作樣，是矯情、是偽善，用以自鳴清高而已，且顯示其對釋迦牟尼理想原義的無知。』」

　　氣聚靈：「是的！釋迦牟尼悟道後是希望靈性之人要節制貪圖葷食的口欲，飲食是營養健康所需，足夠即可。因為放縱口欲不但有損健康，還會增長貪求的意念。何況若過度貪圖葷食口欲，恐怕會有放肆殺戮之虞。但是，釋迦牟尼並未鄉愿地想要絕對的不沾葷，因為那是過於矯情的偽善，絕對的不沾葷更是

不能的。所謂葷食，指的是動物身上所屬。所謂的素食，是以植物為材料。植物體上本來就多有肉眼不察的小蟲附著其上，若未經高倍放大鏡仔細檢查，怎能排除？而且不少即將孵化的蟲卵，只有使用顯微鏡才得以察覺。人既在世，世上萬物隨時隨地共存，要求絕不沾葷是自欺欺人。何況，所謂的動物和植物，並無絕對的分界線。而且植物也是生命體，雖說其氣息較動物微弱得多，植物亦是與環境萬物互通、互動。所以釋迦牟尼悟道後是讚揚素食的意念，就如同戒貪、戒嗔、戒癡，傳道者都是先以身作則，試圖引導，絕不是批鬥性責難，宣揚素食意念也是如此。傳道者讚揚素食意念，但絕無鄙夷葷食者之嗔心。更何況，偏執的不沾葷，除了矯揉造作及裝模作樣的偽善，有何其他意義？曾被沾過葷食的餐具又有何罪過！戒慎貪圖口欲，才是善念之本啊！不少殘暴的放肆殺戮者，為了個別喜好或健康需要，還是素食者呢！」

　　「我繼續說明：『那餐廳是素食餐館，在素食餐館要求店家保證所用餐具不曾有沾過葷，是對人強烈不信任的性情，而且更顯示出鄙視葷食者之嗔、癡以及矯情的心態。貪圖雞、魚、肉的口味是貪，對人的強烈不信任是癡，鄙視不同群體是嗔，這位【大

師】剛剛才大言要別人戒貪、戒癡、戒嗔，隨即自己就把貪、癡、嗔表露無遺。』」

氣聚靈：「你是觀察入微！」

「有同學指責：『你竟這般批評大師，污辱大師，是造口業，更是嗔、癡性情，於你自己有害無益。』」

我說：『接受【大師】封號、自稱風範法師之人，言行不一，受其『異質氣』為害的可是千萬人。我僅是常人，但若知而不言，於心不忍。相較於放任此等大師矯情偽善以自鳴清高、愚弄眾人、尊榮招搖所帶來的社會為害，我個人一時嗔、癡的自損性靈，就接受了。』」

氣聚靈：「哈！是仍有嗔、癡之『氣』在你內心隨時伺機蠢動，但並非這『知而言』。時機不對的『知而言』是無益，也可能反而有害。但若時機對了還知而不言，才是癡啊！」

「多謝安慰！隨後我更舉了一個釋迦牟尼原心靈理想追隨者的例子作說明：有一原釋迦牟尼的追隨者遠行，經過山腳下，遇見三位獵人正在樹下燉煮鹿肉。這位追隨釋迦牟尼的修行者在旁邊坐下來休息，拿出隨身攜帶的飯團準備進食。

獵人禮遇修行者道：『天氣涼，飯團又乾硬，

不好下嚥。我們還有一個鍋子，請讓我們為你另煮一鍋滾水，你燙著乾飯團食用才好。』

　　修行者回答：『這樣啊，那就謝謝你們了！不過，不必再麻煩，請讓我把你們鍋內的鹿肉稍微撥開，我就可以燙著飯團食用了。』於是，四人歡歡喜喜，一起同地進食，三位獵人席間也領受了這位修行者的靈性生活講解。這才是釋迦牟尼讚揚素食心理的原義，絕不是矯情的偽善。」

　　氣聚靈：「是的！另有一個釋迦牟尼看待『殺生』的警示故事，釋迦牟尼及其追隨者對眾人講述：『有一國王的女兒，若依循她幼時修養的心性，以自然因緣，本來應可有50年壽命。她進入青春期後，喜歡上騎馬打獵，常指揮士兵圍逐動物，讓她輕鬆獵殺。她打獵只為娛樂和刺激，野心滿足後就帶領士兵返回城堡，任由受傷或死亡的動物棄置郊野。她肆意獵殺太多，因果相映。這國王的女兒，由於已習於放肆之心，就在她21歲時，因一箭命中獵物，一時得意忘形，手舞足蹈，高聲喊叫，還忘形地踢馬腹、搥馬背，馬遽然跳躍，這國王的女兒遂墜地摔死。』

　　有聽眾質疑道：『你敘述這故事，好像在說明這公主是因多殺生而短命。若真是這樣，獵人、肉販幾乎每天殺生，何以見得全都要短命？』

　　釋迦牟尼及其追隨者回答：『獵人打獵為生，有地理環境的生活因素在，與肆意殺戮不同。獵人打獵是散在性機遇獵取，環境平衡得以維持。獵人僅取所需，也不是區域性趕盡殺絕，野生動物繁衍不斷，無虞自然生態。獵人是利用毛皮、獸肉為生，未暴殄生命。而且，這國王的女兒出兵圍逐動物，集中屠殺。受傷或死亡的動物任意棄置，不但放肆殺戮、暴殄生命，還破壞環境應有的平衡。而肉販屠宰牲畜，是供需行為，也是服務眾人。且牲畜是人為培育所出，是因人的需要才賦予生機，本來不是生存於自然界的機緣。這國王女兒的行為，是純個人貪戀刺激而放縱殺戮的野心，心態上和獵人、肉販完全不同。就心態和作為而言，獵人、肉販雖然不是值得鼓勵，但並非罪惡，這國王女兒的行為則是。放肆的野心會左右隨後的機遇，反映於己身的意外傷害自然隨之增加。這國王女兒的短命，是心性頹壞的結果之一而已。當然，僥倖的話，她也可能活得長久，但這僥倖絕不是幸福。心性頹壞的結果，必引來凶、鬥、狠的邪氣伴隨她而環繞不去，她後半生處於凶、鬥、狠的心性和環境中，終生是不得安寧，這短命不見得是較悲慘的結局。我述說這故事的用意，是強調人要善待每一自然界的生命、珍惜萬物，這是修養心性的基

礎。若任由心性放肆、頹壞，自己必身受其害。』」

「我能瞭解，我想到另一件有關『殺生』的辨正事。多年前我隨友人去聽一位所謂的上人、大師演講，這位上人、大師暢言殺生罪無可赦。這位上人、上師說：『殺生是人的終極罪孽，必入地獄，永不得超生，非自主殺生的肉食者同罪。』會後我與友人討論。

我說：『這位上人剛才進場時，可能已踩死了數隻螞蟻。』

友人說：『不要造口業，上人剛才那有踩死了螞蟻！』

我說：『誰能肯定這位上人剛才沒有踩死螞蟻？我這樣以臆測批評，是造口業，但這位上人詛咒所有非因放肆的殺生者和肉食者，不也是造口業？何況這位上人從高雄來回，以轎車接送，路途超過100公里，若要說沿路沒有碾死任何螞蟻或小動物，那真是睜眼說瞎話。要避免踩死、碾死任何螞蟻或小動物，必須有人走在前頭，以放大鏡甚至顯微鏡仔細檢視地面，才得以排除。』

友人說：『那是不知，也是不可能，所以無罪。』

我說：『地上到處可有螞蟻、小動物是常識，

有誰不知？那是自欺欺人才稱不知，是以『眼不見為淨』自我蒙蔽的癡。若認為螞蟻、小蟲微小而可肆意殘害，更有欺負弱小或弱小該死的狂妄之心，是人性的崩壞。何況螞蟻、小蟲多數於人無害，且幫助清除環境髒污，還鬆動土壤以利植物和作物的生長，對生態功德無量。其實，真要避免踩死、碾死任何螞蟻或小動物也並非不可能，是困難度太高，人在世上活動，難以避免。』

友人說：『對呀！既然難度太高，難以避免，你何須強人所難！』

我說：『我所言的用意不是要強人所難，我是指出所謂上人、上師的盲點。人在違心而為時，是常擺脫誠信以掩飾己過。但這種缺乏反省，既掩飾己過，還要苛責他人的情形，常人都要避免，更非自稱上人、上師者所應為。上人、上師如此言論，是矯情、更是偽善，藉以偽裝慈悲且自鳴清高而已，並有愚弄甚至恐嚇他人之嫌。野心放肆的殺生是罪孽，我也讚揚盡可能的素食者。但任何有心教善之人，首應以身作則，並替人著想，不可寬以待己而嚴以律人。若要勸人為善，更須嚴以律己而寬以待人才是。』」

氣聚靈：「是的！所謂戒慎殺生、讚揚素食的道理，釋迦牟尼及其原追隨者的『修行者與獵人同地

進食』及『國王的女兒打獵』二則故事，才是真情理！」

「談到這裡，我反省自己，我雖常有想到應嚴以律己而寬以待人，但卻仍經常發現自己是在寬以待己而嚴以律人，都這把年紀了，還如此罪過，也真是枉然。」

氣聚靈：「哈！你是屬眾生，會有過錯是必然。知過就能免於罪惡橫行，即可稱為人。即使已是智慧樂土的靈性社會，也不是人能無過，而是不驕善、不諉過。」

「但是，知過而沒能必改，仍然近似諉過。」

氣聚靈：「不，諉過是不認錯且遮掩過錯，是傾向不改過，多數屬壓霸性格。常人知過，傾向改過。常人知過、有心改過，不必然能不再犯錯，所以常人需要隨時修養與再提醒，才得以逐漸改善。若能知過立即全部澈底改過，那非常人，已幾近所謂的聖人。我不是說了嗎，世上並無聖人！」

「多謝安慰！」

氣聚靈：「這不是純安慰。凡眾相處是應嚴以律己而寬以待人，但這是表現在一般大眾的生活或是靈性社會，才完全成為真理。事實上，若凡眾嚴以律己而寬以待權貴，則權貴囂張，大眾受害加劇，變成

是助權貴為惡了！」

　　「多謝安慰與提醒！」

第十二回
舉著釋迦牟尼大旗招搖撞騙

氣聚靈：「嗨！你好！」

「氣聚靈你好！由於台灣族人仍承襲有自四百年前殘存的Paccan（台灣）靈氣，釋迦牟尼悟道後的理想，又和Paccan（台灣）原智慧樂土的靈性社會諸多相近，這些舉著釋迦牟尼大旗的所謂宣教傳道者之貪婪，更容易在台灣得逞而招搖了。釋迦牟尼的靈氣，被他們這般消費，可真要令人氣結！」

氣聚靈：「看看現今台灣，那些舉著釋迦牟尼大旗的四大山頭，中台禪寺、佛光山、法鼓山、慈濟，無不是以唯利是圖的商業模式經營。他們以慈悲福報誘人，拿贖罪恐嚇，再以階級名位促進競爭，加速集資大眾善款，供他們競相自建金碧輝煌、猶勝宮

殿的寺院以傲世。更依附壓霸權勢、尊榮其名位、奢侈食衣住行。還到國外展示奢華豪氣，得意洋洋。遇有重大災難，則藉新聞媒體宣傳慈悲善行，借機再撈一筆，卻輕視台灣既存的孤苦弱勢。人性之頹壞，莫過於此。」

「法鼓山的聖嚴看起來是比較有釋迦牟尼理想原義的修持，斂財、炫富的習性也較不嚴重。」

氣聚靈：「中台禪寺的惟覺、佛光山的星雲、法鼓山的聖嚴，都是來自蔣幫壓霸集團肆虐工具的中國國民黨黨軍，一樣權勢薰心。中台禪寺的惟覺和佛光山的星雲，不但對釋迦牟尼所悟之道無知，還貪婪、妄傲、壓霸。法鼓山的聖嚴是較有修習一點釋迦牟尼所悟之學理，也是有溫文、謙虛自持，但仍脫不了依偎權貴、巨賈、顯達的習性。若與中台禪寺的惟覺及佛光山的星雲相比較，法鼓山的聖嚴是可見善念較多，但仍是以五十步笑看百步啊！聖嚴是較少口出狂妄，言詞也常顯示謙虛、平等、和諧。然而聖嚴在行為表現上仍擺明奉迎權貴、巨賈、顯達。只要頭腦清楚的人都知道，言語的教誨最多只能使人依從，行為的示範才是潛移默化而根深柢固的影響。奉迎權貴、巨賈和顯達正是貪求虛榮和名利的肇始誘因，最終可惡化成『功利為先，尊嚴放一邊』的人性腐壞。

今日台灣的權勢當道、台灣人奴化心態的不能清醒，不正是蔣幫中國壓霸集團在台灣所製造出來之『功利為先，尊嚴放一邊』瀰漫所導致的嗎？而且，惟覺、星雲、聖嚴都曾為蔣幫中國壓霸集團的肆虐台灣出過力，惟覺、星雲貪婪、妄傲、壓霸，當然絕不會有反省。但聖嚴又何曾有過？也從來未見聖嚴想要為台灣人被剝奪的尊嚴和權利說句公道話。就如一個燒殺擄掠的強盜，有一天他發覺強盜生涯無善終，決心恢復人性過日，卻對其曾經的所為惡行無反省、無歉意。他的人性到底真的恢復了多少？所以，他聖嚴至今仍經常依偎、奉承權貴、巨賈、顯達。」

　　「但你以『貪婪、妄傲、壓霸』形容惟覺、星雲，會不會說得太過嚴厲了？」

　　氣聚靈：「如果你覺得這樣說可能太過嚴厲了，那就回憶一下他們的所作所為。惟覺、星雲都是蔣幫中國壓霸集團的外圍佈建份子，也依勢而坐大，是藉操弄『台灣受虐症候群』而逐利的大派閥。在台灣以怪力亂神迷惑、愚弄、引誘甚至恐嚇信眾賣力向他們奉獻，除了在台灣炫富傲人，還鄙視台灣生靈，更供他們回到不停叫囂要滅台的中國去進貢。」

　　「我對他們的所作所為，是有做了些仔細觀察。」

　　氣聚靈：「佛光山的星雲與中台禪寺的惟覺，都是自命為『大師』，也都是和尚、尼姑混居寺內，膽大破壞修行規矩的始作俑者。兩人都是蔣幫壓霸集團的中堅份子，遭中國共產黨追殺而逃難來依附台灣，隨蔣幫壓霸集團的肆虐台灣而坐大。自己在台灣坐大之後，見到中國共產黨開始壯大，於是就再笑帶從台灣大眾騙取的巨額善款，去中國諂媚、交心。」

　　「在嚴密管控宗教活動的中國，佛光山的星雲與中台禪寺的惟覺竟也得以在中國取得了尊榮禮遇。除了為台灣大眾的善良感到悲哀，星雲與惟覺那奸巧的政治手腕，也真是令人驚奇。」

　　氣聚靈：「先說中台禪寺的惟覺，1996年9月1日惟覺唆使信徒手牽手做成人牆，阻擋被誘惑而準備剃度出家的女大學生和家人見面。惟覺另利用分支寺院的陳南妤等人頭，購買位在小埔社段之大片山坡地，濫伐、濫建保育地，破壞國土，並危及公共安全。 2005年7月，惟覺更在那金碧輝煌、以佛寺為名的宮殿裡，勾結南投縣政府水利工程技士林學徽，硬將用於灌溉、排水雙功能的國有重要水利保育區土地，偽稱為廢水區，將此國有的水利要地變更為專用區，以供其開發利用，完全不顧上、下游幾萬公頃土地和無數人民的安全與生計。台灣百姓違法濫墾要受

重罰、判刑，惟覺這『和尚』和整個中台禪寺卻能運用權勢靠山，免於被司法追訴。」

「這我知道。」

氣聚靈：「2001年，惟覺手拿台灣人民的血汗錢到中國去進貢，同時諂媚中國共產黨，痛批法輪功是剽竊、利用且惡意歪曲佛教教義的『邪教』。」

「我不敢說法輪功是不是邪教，但就『剽竊、利用且惡意歪曲佛教教義』而言，看來是他惟覺自身的反映，用來形容惟覺他自己，還真是貼切。惟覺等於是在說，惟覺自己是邪教教主嘛！」

氣聚靈：「各屆台灣選舉，惟覺發動僧尼與信眾，以反台媚中的言論為蔣幫中國壓霸集團造勢。2004年，輔選中國國民黨總統候選人連戰、宋楚瑜時，竟誆騙民眾說：『陳水扁和民進黨要寺廟繳稅、主張由官方派任寺廟住持。』更恐嚇說：『陳水扁政府若過關，宗教人士就人頭落地，我惟覺死都不瞑目。』並且要大家反對公投、拒領公投票，處心積慮要讓公投票數低於規定而作廢。還親自領著和尚與尼姑，帶頭作示範。」

「唉！這樣一個充滿貪、嗔、癡的人，竟然可以高舉釋迦牟尼的大旗，自稱大師，在台灣長期招搖撞騙，台灣人真是善良可欺！」

　　氣聚靈：「再說佛光山的星雲，星雲幾十年都是中國國民黨御用的中央委員。長久以來，一直效忠中國國民黨的壓霸黨國。星雲在電視轉播上大言：『整個佛光山都是【我個人的】。但是，我慈悲為懷，我整個奉獻出來給佛教徒眾使用。』這樣的說詞看似冠冕堂皇，還得到多數人的欽敬。其實，稍微有點理性的人都知道，任何真正的出家修行者，都不會說出『整個都是我個人的』這樣的貪、痴話來，因為佛學入門基礎是首要摒除『家私』的念頭，何況星雲畢生接受供養，他何曾做過什麼行業？賺了多少錢？怎會說出『整個佛光山都是我個人的』這樣的話來？還自稱大師呢！」

　　「佛光山成立之後，把山邊的一條農民耕作所必經的既成道路封死，不讓附近農民通行。農民乞求無效，為了生計只好訴之法院，幾經訴訟，佛光山（當時住持仍是星雲）敗訴，法院判決確定，命令佛光山拆除路障。法院強制令下來，佛光山不得不拆除路障，但卻在山路上傾倒和尚、尼姑的屎尿，讓過路人難堪。」

　　氣聚靈：「星雲是中國壓霸集團的政治和尚，也許經常扮演偽君子演得累了，也要恢復『真小人』來過過癮，不再掩飾其一向『兩手取財，一口吐痰』

之鄙視台灣人的心態。近來不但一再拿台灣人民的血汗錢到中國去諂媚進貢，讚許中國奪取台灣，更大膽地公開指著台灣人的鼻子，壓霸地大罵：『那裡有台灣人？台灣已經沒有台灣人了！』狡猾地消遣認同台灣的善良中國移民，同時惡狠地羞辱原台灣住民。」

「唉！這樣一個充滿貪、嗔、癡的人，竟然也可以高舉釋迦牟尼的大旗，自稱大師，在台灣長期招搖撞騙，台灣人的過分善良，還真變得容易受騙！慈濟的證嚴總有比較善良一些了吧！」

氣聚靈：「慈濟的證嚴個人，是可說比較善良一些，但她的一些善良卻是被『貪』與『「癡』所蒙蔽之『偏執善』。此『偏執善』，似乎給台灣帶來更深的傷害。」

「我是對慈濟的許多做法不予苟同，但慈濟確實有做了不少緊急救助的事，怎麼會給台灣帶來更深的傷害呢？」

氣聚靈：「證嚴的慈濟掛個功德之名，吸引了多少純樸台灣信眾奉獻。慈濟卻用唯利的企業化模式加以經營，用心於壯大自己。這是私慾作祟，是貪利、貪名、貪勢力。而且，慈濟以捐獻或募捐的多寡，賜給信徒不同的官階名位，這不是出家人應有的作為。這樣造就了信徒的虛榮心；也造就了信徒弱肉

強食的競爭評比心。競爭與比較會激發原始的貪與痴；而嗔則是由貪與痴相加乘所惡化而來。發展慈濟勢力的功利效率是提高了，但卻將信徒的心靈默默推往貪與痴的心境，甚至嗔的淵藪，非出家人或修行人所應為。」

「這我略有所聞。」

氣聚靈：「證嚴的慈濟掛功德之名，除了平時吸引台灣信眾奉獻，每遇災難發生，也都再大力要民眾捐款救助，卻僅撥部分該項捐款用於該項救助，聊表模樣，其餘都拿來繼續壯大慈濟自己。」

「這是貪污公款啊！」

氣聚靈：「有災變、急難時，慈濟就會適時呼籲大眾救助，這是唯利企業經營者所喜好的重點。因為突發的災變與急難，正是新聞聚焦所在，宣傳與回報的效果俱佳，又可從中再大撈一筆，投資報酬率最高。若是為殘疾、孤苦、無依的人設立收容所與長期照護，則須真心付出龐大的長遠心力，但其新聞聚焦的宣傳效果有限，大都比不上急難救助。長期的收容與照護，是偶爾有理性人士會來關心，但之後即少再引來注目。『唯利企業經營者』認為，不但投資報酬率不如災變與急難救助，還可能是賠錢事業，所以證嚴的慈濟拒絕。」

「這功利至上的心態未免太過分了！還敢說教人慈悲為懷呢！」

氣聚靈：「更過分的是，慈濟為了成就其傲世霸業，竟拿台灣純樸信眾奉獻的金錢，去投資英國石油（環保團體的公敵）、康菲石油（環保團體的公敵）、雪佛龍石油（環保團體的公敵）、艾克森石油（環保團體的公敵）、孟山都（基因改造，全球農產品種子壟斷供應商）、沃爾瑪（美國著名血汗賣場）、奧馳亞（全球最大菸酒公司）、波音公司（美國五大軍火商之一），這些都是高爭議（邪惡有名）卻高獲利的大企業。這是唯利是圖！」

「………」

氣聚靈：「證嚴的慈濟，從台灣大眾的血汗錢，以及此等貪婪獲利，拿出一部分到世界各國的偏遠窮困地區，出錢蓋學校、設收容所。慈濟在國際的聲望是建立了，但對台灣的偏遠地區和受苦弱勢者卻毫無憐憫之心。」

「我知道，台灣重度疾苦者的長期照護和收容，以及對台灣偏遠地區的關懷機構，幾乎全都是由天主教和基督教會設立的。」

氣聚靈：「證嚴的慈濟聚集了台灣社會的龐大資源，到世界各地出錢蓋學校、設收容所，卻不屑看

顧台灣疾苦弱勢和偏遠山區的教養。還拿大量的台灣資源去中國，替中國偏遠地區蓋學校和收容之家。這些本來是中國政府必須做的。現在好了，有了從慈濟來的台灣資源為中國付出，中國政府正好省下這些錢，多製造幾百顆、幾千顆飛彈對準台灣，天天威脅要用武力攻打台灣，更有餘力在國際上打壓台灣、羞辱台灣了。慈濟也拿著台灣人的血汗錢到各國興建宏偉寺院、展示尊榮霸氣、展現慈悲豪氣，卻鄙視台灣國內既存的常態性孤苦弱勢。人性虛榮之貪、嗔、癡，莫過於此！」

「唉！事實上，台灣諸多『殘障兒童教養機構、孤苦收容所』都很欠缺資金，每天艱難度日，他們才是最需要善心捐款的機構。每當看到新聞，報導這些舉著慈善大旗的所謂佛霸、教霸，在台灣搜括善款，在國內外奢侈地尊榮招搖，又看到『喜憨兒』們一邊製賣蛋糕 一邊辛苦地點滴募款，真令人心酸。」

氣聚靈：「慈濟的證嚴常說，她籌辦慈濟功德會，是起念於1966年間。說：當年證嚴到花蓮鳳林鎮一家莊內外科診所探訪徒弟（德融）的父親，看到地上有一灘血，聽人說起這血是一位山地住民婦女被人抬了8小時後才到醫院，卻因繳不起8千元保證金而

被醫院拒收後，又被抬走所留下的一灘血。又說，在此事件後，證嚴決心與其弟子及信徒共同以小額捐獻方式，建立慈濟功德會以創辦醫院，想幫助因經濟困難無法就醫的民眾。直到2001年4月，慈濟慶祝35週年慶時，慈濟還在向媒體公開宣揚此事。莊內外科診所莊汝貴醫師的子女，認為其父行醫時並沒有拒收病患的事情，在鳳林鎮行醫還曾獲醫療奉獻獎，不甘慈濟的證嚴如此長期破壞其父名譽，向證嚴提起民事及刑事訴訟。證嚴的慈濟『找來』多人作證，經法院查明，證人的證詞互有出入。而且，唯一敢當庭為證嚴之說詞附和的，僅說是尋問醫藥費後即自行離去，並無人說莊汝貴醫師曾拒收病患。法院判決證嚴敗訴，應賠償莊汝貴醫師子女101萬元。證嚴不再上訴，但並未向莊汝貴醫師子女道歉，也從未向大眾認錯。」

「證嚴以非事實的故事羞辱莊汝貴醫師是不對，但在那困苦年代，確實是有人因負擔不起醫藥費而未能接受完善的醫療照顧，證嚴發願要幫助經濟困難的民眾就醫，也是值得敬佩！」

氣聚靈：「你說得沒錯，但問題是：慈濟的證嚴卻是等了30多年，等到台灣興辦健康保險，台灣已少有人因經濟困難而無法就醫，才創設慈濟醫院，且是以營利為目的。慈濟醫療體系專門到並不缺乏醫療

資源的地方，以龐大財力、物力興建大型醫院，磁吸各醫療院所的病患，繼續為慈濟賺取大把、大把的鈔票。真正需要醫療支援的偏遠地區（尤其山區），卻不見慈濟醫療體系有任何作為。在已少有醫療院所會積極向貧困民眾追討所欠掛號費或自付額的今日，很多其他醫院甚至在存放未收的繳款單一年後，即主動銷毀，且都設有社福單位，協助貧困患者就醫，並幫助解決就醫期間的家庭困境。慈濟醫院卻仍對貧困病患的欠款窮追不捨，連緊急需要捐贈骨髓做移植治療的貧困患者，也要強索手續費及『感恩捐』。累進的財富用於到處搜刮農業區及保育用地，非法興建宏偉院落，以莊嚴為名，行華貴傲人之實。」

「這些種種不該的慈濟作為，或許證嚴本人並不知情也說不定。」

氣聚靈：「要說證嚴本人並不知情也說不過去。整體慈濟都是由證嚴本人指定的親友所掌理、所管控，這是把慈濟家私化。證嚴本人也到處高調巡視，證嚴本人會不知情？證嚴曾到花蓮慈濟醫院巡視時，花蓮慈濟醫院院長竟趨前行跪拜之禮，證嚴她才得意呢！不必說釋迦牟尼堅持的眾生平等了，即使是後來勾結權貴勢力壯大的一方教霸，在世時也少有敢公開接受跪拜的狂妄舉動。這是得意忘形，自以為是

神了。」

「這可能是該院長因個人信仰的自發行為，非證嚴的慈濟規矩也說不定。」

氣聚靈：「非證嚴的慈濟規矩？慈濟已行之多年哩！若非證嚴所願，早該明白拒絕。該慈濟醫院院長是受推崇的醫界前輩，看來其仁善也偏執了。不是進了慈濟，其仁善才偏執的嗎！」

「說得極是！」

氣聚靈：「證嚴一人之下，數十萬信眾之上的慈濟副總執行長，正是證嚴的親弟弟王端正，王端正原是中國國民黨用來壓霸洗腦台灣人的黨報（中央日報）之總編輯。王端正一個台灣人如何能為蔣幫中國壓霸集團所重用？必是自幼求學時，一心埋頭於蔣幫中國壓霸集團編纂的所謂『標準教科書』，致能脫穎而出的所謂『優秀學生』。被洗腦後，深陷『重症斯德哥爾摩症候群（台灣受虐症候群）』的精神疾患中不能自拔。於是轉性追求名利、忠黨愛（中）國、全心全力要當『高級人』，通過蔣幫中國壓霸集團的層層考核，受到蔣幫中國壓霸集團的青睞，才能爬上這高位。王端正是一個中國製造的樣板台灣人之範例。」

「我知道，就如接受蔣幫中國壓霸集團培養的

所謂中國國民黨黨內本土政客。他們自以為受到青睞
而得意地傲視同胞，實際上是被利用的伺從或獵犬。
獵人喝血吃肉，伺從、獵犬一路專門撿食獵人遺留的
肉屑、啃獵人剩棄的骨頭。為了滿足自以為的虛榮名
利，甘願賣祖求榮，去當假中國人。還養成一身嗜
血、攀炎附勢、見獵心喜的德性，以假中國人次高級
的姿態傲視台灣人。」

　　氣聚靈：「證嚴內舉此親，自然是此親合其心
意。王端正掌理慈濟的作為，縱然硬要說非經證嚴指
示，也是合證嚴心意。再說，1991年10月23日，在
選舉前不久，民進黨主要幹部數人和證嚴上人約好
時間，要前往拜會請益。民進黨幹部數人，於約定時
間準時到達證嚴居所大門外，苦等2小時不見有人理
會。幾經設法聯絡後，證嚴才派人告知，謂『證嚴是
出家人，不過問俗政，不宜接見從政人員，來客請
回』。這般心無誠信，自稱上人？隔天，證嚴上人卻
親迎吳伯雄率領的中國國民黨黨政要員。事後獲悉，
原來中國國民黨得知民進黨主要幹部約好要請益證嚴
『上人』，假中國人吳伯雄與中國國民黨黨政要員，
認為這是個上媒體造勢的機會，不但能拉攏慈濟會
眾，還可借此機會，對民進黨的主要幹部加以羞辱。
中國國民黨高層遂連絡王端正，要王端正阻止他姊姊

（證嚴）和民進黨幹部見面，同時安排證嚴在隔天立即會見吳伯雄及中國國民黨黨政要員，搶得此利勢。這事，證嚴總無藉口說『不知』了吧！」

「談到這裡，我突然驚覺，舉著釋迦牟尼大旗在台灣招搖撞騙的所謂佛教四大山頭，中台禪寺、佛光山、法鼓山、慈濟，竟然若不是來自蔣幫中國壓霸集團賴以武力蹂躪台灣的中國國民黨黨軍，就是來自蔣幫中國壓霸集團的附庸奴僕，蔣幫中國壓霸集團真是陰險，台灣人真是善良可欺啊！」

氣聚靈：「台灣人的善良本不是必然可欺，只因四百多年來，嗆辣的異質氣長期入侵台灣，此類嗆辣異氣越聚越多。再加上台灣七十年來的被呆奴化洗腦，逐漸將各原有的台灣眾多氣聚靈打散成飄蕩之氣，甚且多數飄渺。台灣原凝聚氣飄蕩、飄渺，台灣人的善良才成為可利用、可欺負的對象。」

「我知道了，台灣族人仍承襲有自四百前殘存的Paccan（台灣）靈氣，內心深處一直潛存著謙虛、互助、平等、分享以及與自然環境和諧生活的靈性和智慧。釋迦牟尼悟道後的理想又和Paccan（台灣）的原智慧樂土靈性社會諸多相近，舉著釋迦牟尼的旗幟是容易騙取台灣人的信任而親近，偽裝成宣教傳道者更容易在台灣得逞而招搖了！釋迦牟尼的智慧理想，

被他們這般消費，可真要令人氣結！」

氣聚靈：「看看現今台灣，除了中台禪寺、佛光山、法鼓山、慈濟四大山頭以外，不少也舉著釋迦牟尼旗幟，也貪、嗔、癡橫行的所謂佛教團體，雖非蔣幫中國壓霸集團嫡系所出，不得蔣幫中國壓霸集團扶持，難與這四大山頭比擬，仍是得意招搖。這些眾多以佛教為名的所謂宗教勢力，其創始者也都是看準大多數台灣人內心深處，一直潛存著謙虛、互助、平等、分享以及與自然環境和諧生活的原性、原質，發現此等善良質性可欺，遂各個自立門戶，引誘在功利社會中徬徨的散在大眾，也號稱禪師、大師、上師，甚至有的自稱尊者、活佛、聖尊。這些自立門戶的所謂佛教勢力，都是以行善、慈悲為贖罪或福報的利基引誘眾人，更以怪力亂神加強迷信，恐嚇徬徨大眾情願奉獻、供養，使帶頭者遂其尊榮而得意。這些也所謂的禪師、大師、上師、尊者、活佛、聖尊，既少得壓霸集團蔽蔭，坐等奉獻所得不夠滿足，就經常舉辦『法會』誘惑眾人『消災、解厄』，藉以宣揚名望又斂財。既得尊榮、顯達後，再與當道權位勾結，相互利用，也得以壯大，也成就一方教霸。更可惡的是，有的以『福報、贖罪』之名，蠱惑信眾到處肆意『放生』，惡意破壞生態的平衡，再從中大撈一筆。這是

台灣（Paccan）人被壓霸洗腦後，靈氣飄蕩，原良善智慧竟轉化成弱點而被利用的另一災難。」

「少數一些真心修持釋迦牟尼理想原義的人，實在地秉持戒貪、無私、謙虛、平等、分享以及與自然環境和諧生活的理想，默默在延續釋迦牟尼的教誨，卻在今日名位、勢利當道的社會中，被排擠到晦澀角落，更無從彰顯。」

氣聚靈：「蔣幫中國壓霸集團在台灣，以欺騙、威脅、恐嚇、利誘四大主軸成功煉製『台灣受虐症候群』後，轉性而羨慕霸氣之人，由惟覺的中台禪寺匯集；轉性而傾慕權貴之人由星雲的佛光山拉攏；性近溫文之人由聖嚴的法鼓山收納；再由證嚴的慈濟吸收善良的普羅大眾，進一步深化操縱台灣人的靈魂，於是『台灣受虐症候群』的精神症狀就更加惡化了。」

「我寧願把慈濟的證嚴看成是宗教界的『台灣受虐症候群』（重症斯德哥爾摩症候群）受害者；而中台禪寺的惟覺和佛光山的星雲則是宗教界的『台灣受虐症候群』操弄者；法鼓山的聖嚴則是經由宗教從『台灣受虐症候群』取得附加價值。」

氣聚靈：「慈濟的證嚴是不能免於『台灣受虐症候群』的精神毒害，但她卻貪婪虛榮，高掛釋迦牟

尼的旗幟，以慈悲為名，行功利主義之實，以獲取虛榮、尊崇而得意，是『台灣受虐症候群』的再得利者，怎麼會是受害者呢？」

「你說得極是。但有人說，這些高舉釋迦牟尼大旗的教霸，其行可鄙，但其在台灣教人行善，也是有益人心的。」

氣聚靈：「不！這些高舉釋迦牟尼大旗的教霸，只是教人矯情的偽善，並無闡釋確實的內心修持。大家都知道，言語的教誨，最多只能引人服從，行為示範的潛移默化，更會有根深柢固的影響。高舉釋迦牟尼大旗的教霸，在台灣展示的是行善的矯情，以及崇拜功利之霸氣。台灣今日的『功利至上、權勢肆虐』以及台灣人奴化心態的不能清醒，不正是蔣幫中國壓霸集團在台灣以『功利為先，尊嚴、事實放一邊』所製造出來的嗎？接受以功利引導而盲目行善的行為，會將人往偏執的誇善隱惡心境固化。凡眾的『誇人善、隱人惡』本是好事，但往『誇己善、隱己惡』或『誇權勢偽善、隱權勢罪惡』的偏執就是大壞事了。而且，天真善行之人最容易受壓霸集團欺騙和操控；為功利善行之人最容易受壓霸集團利用。高舉釋迦牟尼大旗的教霸在台灣所製造出來之偏執善氣氛，不就是蔣幫中國壓霸集團能繼續在台灣耀武揚威

的依靠嗎？不也是多數台灣人至今靈氣難再聚、靈魂不清醒的主要因素嗎？真實的善念是時時存乎心的，會隨時關心身旁的疾苦並維護環境，而非等待突顯榮耀的行為。集中資源造就名聲與勢力的偏執善，會惡化貪婪與矯情之心，凡人都要戒慎！」

　　「你這解說確實精闢，令人豁然開朗！」

第十三回

真誠敬奉不同於迷信怪力亂神

　　氣聚靈：「嗨！你好！」

　　「氣聚靈你好！前次談到，由於台灣族人仍承襲有自四百年前殘存的Paccan（台灣）靈氣，釋迦牟尼悟道後的原理想又和Paccan（台灣）的原智慧樂土靈性社會諸多相近，使得這些舉著釋迦牟尼旗幟，滿身邪氣的所謂宣教傳道者，在言詞上以謙虛、分享、慈悲之名吸引大眾，更容易在台灣得逞而壯大、招搖。我不免想到，1620年代荷蘭人就引進基督教，1820年代也有一些天主教人員進入台灣傳教。各基督教會、天主教在台灣除了傳教，也宣揚博愛精神和引進現代教育，尤其基督教會對台灣在地人、事、物的用心關懷，更是貢獻良多。各基督教會與天主教在

台灣的努力，一直沒能有類似的蓬勃發展，是由於和Paccan（台灣）自在而與大自然和諧的潛在靈氣同質性不很高，這我是可以瞭解。可是，更充斥各種怪力亂神的唐山（中國）民間信仰，和台灣潛在靈氣的差異性更大得多，卻能一直在台灣基層愚弄大眾的心靈，實在令人嘆息。」

氣聚靈：「各基督教會都是與國際有接軌的，早年台灣因受壓霸漢人滿官與蔣幫集團的剝削與欺壓而民不聊生時，各基督教會就做了不少由國際提供的接濟與人道救援工作。台灣的基督教會，雖一直受到壓霸漢人滿官與蔣幫集團的存心干擾，但由於基督教會大都長期受到國際教會關注，漢人滿官與蔣幫集團較不敢太過明目張膽的操弄或打壓，所以能維持高度的自主性。天主教雖也是國際性宗教，但具政治性的傳統，則一直與蔣幫壓霸集團保持默契。各基督教會和天主教在台灣的努力，發展有限，與Paccan（台灣）潛在的靈氣同質性不高是原因之一。而更充斥各種怪力亂神的唐山（中國）民間信仰，卻能一直在台灣基層愚弄大眾心靈，是原台灣人被強制漢化洗腦的結果。壓霸漢人滿官入侵台灣，見台灣文明比中國進步，台灣人文明昌盛、豐衣足食，更懷妒恨之心，下令台灣人僅能從事原有農耕。為利於管控，在嚴酷封

山令之下，台灣山地各族群就像被困在孤島監獄。在台灣平地，則全面摧毀工藝文明和文化設施；滅絕所有歷史文書，並加速漢化改造，澈底消滅台灣的固有文明、拔除台灣的固有文化、抹去台灣人的自我意識。台灣各平地族人，在被迫漢化過程中，以社學轉型廟學，全面強制改造台灣人的語言、生活習俗和宗教信仰，久而久之變習慣，習慣成自然，自然後即逐漸自我固化。充斥各種怪力亂神的唐山（中國）民間信仰就在台灣生根茁壯。尤其又加上一些依附權勢、追求名利的台灣聞達人士之推波助瀾，進而柢固。這是台灣人背負的傷痛、傷痕。」

「我知道了！迷信怪力亂神的人因心智偏執，最容易被欺騙、受愚弄；失去自我文化和意識的人最難復甦。中國壓霸集團，不論是早期的清廷漢人滿官或是近期的蔣幫集團都明白這道理，其陰狠、狡猾如出一轍，都是一丘之貉！」

氣聚靈：「沒錯，這是他們的一貫手法。」

「談到這裡，我又有些疑惑。你說過『嚴格講，自然界並無鬼或神。所謂的鬼、神，是人類對無知境界之恐懼與盼望所想像出來的』，但Paccan（台灣）原智慧樂土的靈性社會，仍於清明節敬天、中元節拜地、重陽節祭祖、新年陪墓，這又是為何？」

　　氣聚靈：「『清明節敬天、中元節拜地、重陽節祭祖、新年陪墓』是智慧樂土的靈性社會不可或缺的一環，與鬼神無關。靈性之人必具謙虛與感恩之心。重陽節祭祖、新年陪墓是子孫感念先人帶給生命和傳承的人性規矩。清明節敬天、中元節拜地是敬謝大自然賦予寶貴生活條件的節禮。感念先人、敬謝天地是智慧樂土靈性社會的基本精神。定期紀念的規矩和依時崇敬的節禮，是陶冶謙虛與感恩心性的必要行為，無關迷信。」

第十四回

帶動人類及早醒悟的
希望和能量

　　氣聚靈：「嗨！你好！」

　　「氣聚靈你好！上回談到，釋迦牟尼悟道後的原理想和Paccan（台灣）的原智慧樂土靈性社會諸多相近。但是，長期以來，無知、貪婪不止的壓霸集團視戒貪、和諧的靈性智慧為『愚蠢』（以1847年漢人滿官北路理番同知史密上書清廷為例：『台番最愚，一無所圖，既無大志，安有大事。』），肆無忌憚欺凌、摧殘靈性智慧的台灣族群，台灣的智慧靈氣，因遭受四百多年來的蹂躪，多數已被打散而飄蕩，要重新聚集此智慧靈氣已難。而且，即使經過及早覺醒者的努力，台灣的智慧靈氣終再復甦，但在已霸權肆虐的現代，想要以智慧樂土的靈性社會型態持續生活，

恐怕這等無知的貪婪霸權，還是會不肯放過台灣，智慧樂土的靈性社會終將再遭蹂躪而無法續存。若是如此，還是白費！」

氣聚靈：「不，絕不會是白費！當人類因貪婪而肆無忌憚之權謀競爭，所引致的毒害進一步惡化時，人類所散佈的劇毒和對環境的破壞，以及對人類自己的傷害，再也無人能倖免，更難以忽視。人與人因爭鬥而相互殘害也趨白熱化，能感受警惕的人必多，試圖導正的力量就可能彰顯而有效發揮作用。及早擁有靈性智慧的個人或族群的努力也許一時沒能成就，還是會留下有影響性的脈絡，可以提醒並促進後來者繼續努力。人類要想建立全面的靈性智慧社會，還是存在希望的。只是，人類自己付出的代價未免太高了！」

「但是，在人類全面覺醒之前，難道台灣族人只能坐視，任其繼續頹靡？」

氣聚靈：「不，Paccan（台灣）是地球上及早擁有靈性智慧的族群之一，且早於五、六千年前就有地球村的世界觀，就認知身為人類的一分子，為了地球的永續生存條件及全體人類的福祉，Paccan（台灣）族人明白有傳播、宣導靈性智慧之生活社會的責任。當時的徒勞無功，主要是世界各地大都已有長期的霸

權肆虐，霸權散發身份、地位的慾望與較勁，於是貪婪的野心難以抑止，為時已晚，最後才徒勞無功。」

「但是，現代人類功利主義更盛、霸權爭鬥更慘、虛榮薰心更烈，要宣導靈性智慧之社會生活，也就更難了！」

氣聚靈：「那可不一定！五、六千年前，Paccan（台灣）試圖向世界各地傳播、宣導靈性智慧之生活社會時，是和現代一樣，早已有長期的霸權肆虐。但當時其他民族，具有深層遠見智慧的人太少；人類因貪婪發展出之武力和毒害，也不如今日的具全面毀滅性。其他民族對功利、貪婪和霸權為害的深遠程度，認知不足，無法接受警惕。現代科技開發所顯現的可能毀滅性災難，以及現代文明運作對地球撒下無法回復的污染與毒害，早在明顯毀壞人類賴以生存的自然環境，也正在侵蝕人類的健康，已有不少具深層遠見的人有所警覺。要宣導靈性智慧之社會生活是難，但不會比五、六千年前更難。」

「但是，現代人類全由大、小霸權掌控，社會由權貴、巨賈主導。權貴、巨賈組成堅固、強勢的共犯結構，他們尊榮得意、貪婪不止。想要說服這些利慾薰心的權貴、巨賈放棄既得的權勢和榮華，幾乎是不可能的。權貴、巨賈利慾薰心，又自以為高人一

等、自以為無所不能，已自我麻醉至麻痺狀態，不可能覺醒的。權貴、巨賈之迷失而不知醒覺，又以榮華、富貴誘人，風行草偃，必使得社會的功利主義持續盛行，人類『謙虛、互助、平等、分享以及與自然環境和諧生活』的靈性智慧勢難復活！」

　　氣聚靈：「所以，要喚醒靈性生活的智慧是難。而我說『不會比五、六千年前難』是因為，現代文明運作撒下的污染和毒害已令大眾不可能視若無睹，霸權爭鬥所發展出的全面毀滅性危機也已明顯存在，雖說現代文明之所謂進步造就了更惡化的貪婪與競爭，使得大眾為了生活上的虛榮壓力，不得不汲汲營營地拚命前進，多數人無暇冷靜感恩生命的惠賜、沉思生命的真諦和價值，以致不能全面感知功利主義愚昧的為害已迫在眉睫，現代文明的危害不到最後關頭，多數人是都還鄉愿而不自主地把危機意識擺放一邊。然而已有一些具深層遠見智慧的人知所覺悟，他們已經有在闡釋現代文明危害的不可忽視，知所警惕的人也漸漸多了，這是人類想要建立全面靈性智慧社會的正面力量。例如：這些知所警惕的人之中，就有人設立了『末日鐘』，又稱末日時鐘（Doomsday Clock），時時要警惕所謂的現代人『自作孽不可活』。」

「知所警惕的人是漸漸多了。可是，這些所謂知所警惕的人，他們警覺現代文明之危害後，所致力的，都僅是消極地希望以資源回收和污染防治來減低人類製造的毒害。別說資源回收和污染防治因功利主義盛行而永遠趕不上人類濫用資源、破壞環境、製造毒害的速度了，即使目前的資源回收和污染防治真有了成效，在霸權肆虐，權貴、巨賈、顯達仍主導社會，人類持續為虛榮而競爭的情形下，人造毒害又是劇烈競爭的產物，更恐怖的新生劇毒還是必定持續加速推出。所謂的資源回收和污染防治，事實上就如向海洋注入一盆清淨淡水，實在看不出希望在那裡！」

氣聚靈：「從知所警惕到真正具深層遠見的靈性智慧，是還有段距離要走。」

「在功利主義瀰漫下，歷經這些具深層遠見智慧之人的努力警示，所謂現代文明人類的權貴、巨賈、顯達們，是不敢再否認『由於現代文明對地球所散播的毒害，地球上的人類正無可避免地走向自我毀滅之結果』。但是，權貴、巨賈、顯達們之反應竟是認為，這是文明進步不可避免的代價。甚至於更狂妄地主張『地球既然已不免要走向不再適合人類（生物）生存或生活的地步，人類就必須加緊發展更高階侵略性科技，為將來地球已不再適合人類生活，而人

類必須移民其他星球時做準備』。看來所謂現代文明
人類的權貴、巨賈、顯達們，已功利薰心至完全喪失
自我反省的能力，貪婪的野心已失控，不想也不會停
止造孽。人類勢將繼續肆無忌憚地加速毒害這萬物賴
以生存的地球環境。權貴、巨賈、顯達們，還想著要
去繼續毀壞其他星球呢！」

　　氣聚靈：「宇宙浩瀚，是還存在一些有讓人類
能勉強生存的其他星球。然而，權貴、巨賈、顯達們
殊不知，再也沒有其他任何星球可以像地球般，讓人
類如此輕鬆、自在地生活。」

　　「而且，霸權爭鬥不減，更高度毀滅性武器必
繼續推陳出新，地球的毀壞和人類的滅絕還是為期不
遠。看來人類還是難以自救。」

　　氣聚靈：「那可不一定！當代的權貴、巨賈、
顯達們雖然仍權勢、名利薰心，之前說過：『所謂勝
出的權貴、巨賈、顯達，都在生命大限來臨之時才知
悔恨，痛苦且自責不已。』現代文明運作撒下的污染
和毒害，已令大眾不可能視若無睹，霸權爭鬥所發展
出的全面毀滅性危機，也已明顯存在，能感受到『權
貴、巨賈、顯達在生命大限來臨前之悔恨與痛苦』的
人必然逐漸增多。能醒悟『財、勢、名、位何其不
值，謙虛、互助、平等、分享以及與自然環境和諧

的溫和、安樂生活，才是人類被賦予生命之價值和意義』的人也必然逐漸增多，這會是人類要全面建立靈性智慧樂土的希望。」

「是有這希望在，但只怕到時地球環境的毀壞已不能挽回、人類自身累積的毒害已無法挽救，人類就僅能苟延殘喘了，那人類又有多少存在的意義和價值？」

氣聚靈：「所以，『努力試圖讓全體人類在無法挽救之前及早醒悟』就成了及早擁有靈性智慧之人被賦予的責任。若有靈性族群再率先建立智慧樂土的社會，示範人類生命的意義和應許的價值；對照權貴、巨賈、顯達在生命大限來臨前之悔恨與痛苦，凸顯權勢、功利、虛榮的不值；加上現代文明運作撒下的污染和毒害，已令大眾不可能視若無睹；霸權爭鬥所發展出的全面毀滅性危機也已明顯存在，就較有機會及早帶動全體人類一連串的醒悟。希望地球和人類，能在『地球不能挽回、人類無法挽救』之前得以保全。」

「Paccan（台灣）原早有數千年以上智慧樂土的靈性社會，你的意思，是不是指『努力試圖讓全體人類在無法挽救之前及早醒悟』為台灣被賦予的責任，台灣人應努力率先回復原智慧樂土的靈性生活社會，

以帶動全體人類及早醒悟？」

　　氣聚靈：「已不能說『帶動全體人類及早醒悟』的希望在台灣。台灣雖然曾有Paccan數千年以上智慧樂土的靈性生活經驗，但四百多年來，台灣經歷了荷蘭人、鄭成功集團、清國、日本、蔣幫中國壓霸集團等一連串的侵略和蹂躪，台灣（Paccan）的文明、文化幾乎被破壞殆盡。尤其經過漢人滿官的漢化改造，再歷經蔣幫中國壓霸集團的二次奴化洗腦，台灣（Paccan）原有的眾多氣聚靈被打散回飄蕩之『氣』，甚至多數已飄渺。雖說較之世界各地，台灣仍是靈性之『氣』較重的地方，但蔣幫中國壓霸集團的邪氣氾濫，Paccan靈氣之重新凝聚有相對的困難度在。帶動全體人類及早醒悟的希望和能量，是可以重新出現在台灣，但更可能先出現在世界上的任何其他地方。然而，身為人類的一分子，『尋回智慧樂土的靈性生活社會』仍是每一位尚存靈性智慧之台灣人不能逃避的責任。」

　　「但是，要重建智慧樂土的靈性社會國度，過著謙虛、互助、平等、分享以及與自然環境和諧的溫和、安樂生活，首先就須面對貪婪霸權的覬覦。壓霸集團貪得無厭，溫和的智慧樂土靈性社會國度，正是壓霸、貪婪之國家唾手可得的嘴邊肥肉，壓霸、貪婪

的族群會肯放過嗎？智慧樂土的靈性社會如何能得以續存？若無可以續存的智慧樂土靈性社會國度，又怎麼期待有帶動全體人類及早醒悟的希望和能量？四百年前，台灣（Paccan）智慧樂土的靈性社會國度，終究還是避免不了被壓霸族群摧毀而隨之沉淪的惡運，就是一個典型的例子！」

　　氣聚靈：「數千年以前，智慧樂土靈性社會的台灣（Paccan），長時間試圖向世界各地宣導靈性智慧的生活社會之所以失敗，是因為當時其他民族有深層遠見智慧的人太少，對功利、貪婪和霸權為害深遠的認知不足，沒有接受警惕的心理準備。雖說現代文明之所謂進步造就了更惡化的貪婪、鬥爭和霸權，但現代文明運作撒下的污染和毒害，已令大眾不可能視若無睹；霸權爭鬥所發展出的全面毀滅性危機，也已明顯存在，因而有警覺，且具深層遠見智慧的人漸漸增多。所以，想要宣導靈性智慧之生活是難，但不會如數千年前一樣的難。而四百年前的台灣（Paccan）之所以被侵略、被踐踏，最後智慧靈氣被輕易打散而飄蕩，甚至飄渺，是因為台灣（Paccan）環境內，靈性智慧之『氣』長期充滿，Paccan（台灣）人長期習慣於生活在智慧樂土之中，遂安居而樂天。加上Paccan（台灣）特殊地理位置的天賦，有溫暖的黑潮

洋流由南往北，圍繞整個Paccan（台灣）沿海。東邊緊鄰的黑潮主洋流強勁；西邊黑潮的分支洋流雖然比較趨緩，但外圍是溫度、向量、波性都截然不同的親潮洋流，加上變化莫測的全年強烈季節風，以澎湖群島為縱線的台灣海峽，處處有強勁的漩渦、暗流，又隨時有突來的巨浪。外地霸權沒有良好的造船技術和高超的航海知識，根本難以接近Paccan（台灣），也從來不知有Paccan（台灣）這個國度存在西太平洋。所以，四百五十年以前，Paccan（台灣）一直能長期免除壓霸族群的干擾，也所以就漸漸淡化對壓霸族群應有的警覺，整體族群也就沒有面對被侵略、被蹂躪的心理準備。」

「靈性智慧生活社會的國度要有面對被侵略、被蹂躪的心理準備？難道靈性智慧生活社會之國度，也要無限制的開發毀滅性武器，用以有效自衛？如果是這樣，欲求勝出，那還不是進入肆無忌憚、永無休止的競爭。競爭心態既存，靈性智慧生活的社會照樣毀壞，何來真正的安樂生活？」

氣聚靈：「不！靈性智慧的社會要有面對被侵略、被蹂躪的心理準備，不是要開發毀滅性武器對抗壓霸族群的侵略。是因為既存靈性智慧，若有面對被侵略的心理準備，在遭受愚昧而不知醒悟的壓霸族群

入侵時，人人必懂得以『不合作』的態度應對。被侵
略者的不合作，將令侵略者的統治增加麻煩，也減少
侵略者的獲利，侵略者繼續侵略的意願自會降低。」

第十五回

靈性智慧以堅持『不合作』
應對壓霸集團

　　氣聚靈：「嗨！你好！」

　　「氣聚靈你好！上回你談到，靈性智慧社會之族群，要是有面對被侵略、被踐踏的心理準備，也就懂得以『不合作』的態度應對壓霸族群之侵略和踐踏，壓霸侵略者繼續侵略的意願自會降低。你可不可以更詳細地說明？我希望能澈底明瞭。」

　　氣聚靈：「我這氣聚靈，是由大部分與你所散發出的同質性『氣』因緣凝聚而成，我知道你希望澈底明瞭，你也可以澈底明瞭。」

　　「那就懇請賜教！」

　　氣聚靈：「這不是賜教！我們談過，我可以說幾乎是你，也可以說幾乎是你的潛意識，雖然不完全

是。我這氣聚靈只能夠幫助提醒你的認知、強化你對台灣靈氣的感應，一切認知與感應的成熟基礎，還是大部分源自於你自己的深層意識。」

「那就請詳細提醒！要如何的有效『不合作』呢？」

氣聚靈：「『不合作』就是不抗爭、不順從、不聽從、不配合、不理會。即使被武力恐嚇、威脅，也任憑宰割，堅持到底。」

「我大概知道了，當年印度遭受英國人殖民統治時，就是由具足夠智慧的甘地發起『不合作』運動，讓英國人知難而退。但是，印度是種姓階級意識根深柢固的國家，高階種姓獨攬社會資源，教育知識程度高，集權貴、巨賈、顯達於一體。低階種姓千年來習慣於忍受高階種姓的歧視，無機會受教育，使得他們養成認命以及盲從高階種姓的習性。甘地的『不合作』運動只要說服少數高知識的高階種姓，多數的低階種姓自然聽命跟隨。所以，甘地的『不合作』運動可以輕易團結印度全國人，讓英國人知難而退。若印度無根深柢固的種姓階級意識，多數人沒有認命和盲從的習性，一時要全體印度國人同時堅持『不合作』態度，恐怕不易成功。而靈性智慧社會之族群，是絕不會有種姓階級意識的。」

氣聚靈：「是的，印度根深柢固的種姓階級意識，是甘地『不合作』運動得以短時間成功逼退英國殖民統治的原因之一。但現在談的是智慧樂土之靈性社會國度，智慧樂土之靈性社會族群，當然絕不會有階級意識。然而，智慧樂土國度的族群，都已具靈性智慧，只要有面對被侵略、被蹂躪的心理準備，就人人懂得以『不合作』的態度應對壓霸族群之侵略，不會那麼困難的。」

「但當時英國人的貪婪，還不至於到喪盡天良的狠毒，甘地的『不合作』運動也才得以成功讓英國人退縮。設若印度當時遭遇的是喪盡天良的壓霸族群，燒殺擄掠無所不用其極，即使當時印度真已是智慧樂土之靈性社會國度，有面對被侵略、被蹂躪的心理準備，懂得以『不合作』的態度應對壓霸族群之侵略和蹂躪，我看甘地的『不合作』運動還是難以拯救印度。」

氣聚靈：「那可不一定，當時的印度文化從未被摧毀殆盡，印度聞達人士也都還能保持自有靈魂的尊嚴，所以當時印度聞達人士較有堅持的決心。也因而，多數的印度百姓並未陷入『斯德哥爾摩症候群』的畸形受虐心態。設若當時印度是智慧樂土的靈性社會國度，有面對被侵略、被蹂躪的心理準備，靈性

智慧就能懂得以『不合作』的態度應對壓霸族群之侵略，甘地的『不合作』呼籲也就更容易引起共鳴。若壓霸侵略者喪盡天良，燒殺擄掠無所不做，堅持『不合作』態度之初期，是可能有不少犧牲。但只要被侵略族群智慧足夠，全體堅持『不合作』的態度到底，壓霸侵略者還是會感到棘手，又沒有輕易可得的豐厚利益，喪盡天良的侵略者還是會考慮放棄。」

「可是，在遭受喪盡天良的壓霸集團侵略時，若全體被侵略族群堅持『不合作』的態度予以應對，你也說『初期會有不少族人犧牲』。有不少犧牲就可能令一些族人出現恐慌，既有人出現恐慌，就可能開始有人妥協。此時，被侵略族群要全體繼續堅持『不合作』的態度，必然困難。」

氣聚靈：「就現時功利社會而言，面對壓霸集團時，被侵略族群要全體持續堅持『不合作』的態度確實困難。但在智慧樂土的靈性社會，要全體對壓霸集團持續堅持『不合作』的態度則很容易。之前談過，智慧樂土的靈性社會族群，已養成謙虛、互助、平等、分享以及與自然環境和諧生活的天性，不存在權勢和名位，智慧樂土之靈氣與功利的壓霸權勢異質氣相斥，絕不會習慣接受壓霸族群的操控。即使有少數人因智慧不深、靈氣不固、意志不堅，可能向壓霸

侵略者妥協，但那畢竟是極少數，對智慧樂土的靈性社會族群之持續堅持『不合作』態度，是不會有決定性影響的。」

「但是，以Paccan（台灣）為例：四百多年以前的台灣（Paccan），已是好幾千年以上的智慧樂土靈性社會，在遭受壓霸族群侵略時，為什麼還是無法以持續堅持『不合作』的態度讓壓霸侵略者退縮？」

氣聚靈：「四百多年以前的台灣（Paccan）智慧樂土靈性社會，是因為長期習慣於生活在智慧樂土之中，從未受到干擾，所以漸漸淡化對壓霸族群應有的警覺，整體族群也就沒有面對被侵略、被踩躪的心理準備。多數台灣（Paccan）族人雖具深層的靈性智慧，懂得必須堅持『不合作』的態度應對壓霸族群的侵略與踩躪，但由於長期沒有被侵略、被踩躪的心理準備，這種認識並未散佈成廣泛的知覺。當突然遭受壓霸族群入侵時，是會有一些一時不知所措的人。這些一時不知所措的人，若來不及接受提醒，就無法持續堅持『不合作』的態度，所以無法有效應對來侵略的壓霸族群。」

「可不可以說明詳細一點？」

氣聚靈：「四百多年前，台灣（Paccan）的Dorcko族人善心收留僥倖存活而誤入台灣（Paccan）

Dorcko的惡質唐山人逃犯，是智慧樂土之靈性社會
必然互助、分享的本性。受到豐厚款待的惡質唐山人
帶領荷蘭人入侵初期，台灣（Paccan）的Dorcko族人
也是本著互助、分享的心理招待他們。當唐山人及荷
蘭人露出貪婪的壓霸面目時，由於既已接受，心中無
奈，只得盡量與之協商，試圖減低傷害。至此，『不
合作』的心理建設都未有效地運作。鄭成功集團入
侵，壓霸和殘暴超過荷蘭人百倍，到處燒殺擄掠。由
於鄭成功集團是到台灣避難，也要佔地稱王，台灣
（Paccan）族人被迫退讓。到此時，台灣（Paccan）
族人還自以為『退一步海闊天空』。緊接著，清國收
養的漢人降兵、降將入侵台灣，趕走鄭成功集團以及
其他早期留下的唐山人時，這些漢人降兵、降將為了
以『拓展版圖、消除後患、搜括資源』向清廷邀功，
遂以強勢武力全面佔領台灣、蹂躪台灣。這時台灣
（Paccan）各族群要想相互照應、提醒，已來不及。
『不合作』的理性智慧無能發揮全面性的作用。更慘
的是，台灣（Paccan）的文明、文化幾乎被漢人滿官
全面破壞，歷史、文化被摧毀，生活習俗被改造。至
清國據台晚期，更有些台灣人士受漢人滿官的漢化教
育影響（以丘逢甲、林維源、連橫最糟糕），沾染其
惡習，學著攀炎附勢，存心賣祖求榮，為求聞達而認

盜作祖，偽裝假漢人，自以為高級了。這些少數假漢人習於勾結權勢，狐假虎威。有一些假漢人從清據時期延伸到日據時期，再鑽進蔣幫中國壓霸集團侵略台灣的行列（以連震東、黃朝琴最惡質）。日本佔領時，台灣（Paccan）續存的氣聚靈原本還有不少，再歷經蔣幫中國壓霸集團的二次奴化洗腦，加上這些受漢化過程影響而轉性貪婪的台灣聞達人士助蔣幫為虐，居中煽火，台灣（Paccan）所剩的氣聚靈，多數再被打散回飄蕩之氣，不少甚至已飄渺。這是台灣人走到今日自虐又尷尬之慘況的原由和過程。」

「你是說：原台灣（Paccan）智慧樂土的靈性社會若及早有面對被侵略、被蹂躪的心理準備，就人人懂得以『不合作』的態度應對，原台灣（Paccan）智慧樂土的靈性社會即可不被壓霸族群肆虐，也能避免今日台灣聞達人士的多數沉淪，台灣百姓也就得以持續保有原靈性智慧的生活和國度？」

氣聚靈：「是不能完全確定，但以原台灣（Paccan）智慧樂土的靈性社會，若及早有面對被侵略、被蹂躪的心理準備，就人人懂得以堅持『不合作』的態度應對，氣聚靈不至於被打散，不被壓霸族群長期肆虐的可能性很大。」

「那麼，如果原台灣（Paccan）智慧樂土的靈性

社會早有面對被侵略、被蹂躪的心理準備，人人懂得以『不合作』的態度應對，會如何有效地應對壓霸族群的入侵呢？」

　　氣聚靈：「由於原台灣（Paccan）智慧樂土的靈性社會，長期疏忽對壓霸族群應有的警覺，整體族群也就沒有面對被侵略、被蹂躪的心理準備，已非人人懂得必須堅持『不合作』的態度應對入侵的壓霸族群。四百多年前唐山人逃犯僥倖存活而誤入台灣（Paccan）的Dorcko時，Paccan的Dorcko族人本著好客、互助、分享之靈性精神，給予救濟、招待。這些唐山人逃犯利用台灣族人的熱情好客占盡便宜，食髓知味，竟企圖返回唐山呼朋引伴前來台灣（Paccan）享受。因為台灣（Paccan）的Dorcko族人沒有警覺性，忘卻『人一貪婪，必貪得無饜』，遂回應其『幫助返鄉』的要求，送給適宜航行台灣海峽的堅固大船，並傳授航海技術，讓這些唐山人逃犯得以安全返回唐山。這些唐山人逃犯就利用台灣（Paccan）族人的船隻和航海技術，帶來更多貪婪、壓霸的唐山同夥。人一貪婪，尤其壓霸者，必貪得無饜。於是這些唐山人（Hung Yu-yu帶頭）找上在中國福建沿海，配備武力強勢通商的荷蘭東印度公司人員，伺機遊說當時已在澎湖建立堡寨據點的司令官

Cornelis Reyerson，想藉由荷蘭人武力霸佔台灣，他們就可輕易取得少數荷蘭人之下、多數台灣族人之上的權勢和利益。其實，當時葡萄牙人、荷蘭人、西班牙人早到過Paccan（台灣）這一國度，只是因為見到Paccan這一國度沒有功利意識，無商業利得之行徑，更認知Paccan這一國度是難得的人間樂土，與世無爭。出於敬佩和見愧，無意也不忍入侵騷擾。尤其葡萄牙人，更驚嘆Paccan是自古人類智者追求而不可得的真正智慧樂土，就以『Formosa』（美麗之島）的稱呼來尊崇Paccan（台灣）。但據守澎湖堡寨的司令官Cornelis Reyerson，經不起這些惡質的貪婪唐山人以『台灣（Paccan）有先進的土木工程和船隻、器械、工具等製造技術；沃野千里，物產富庶；動物種類眾多且繁密，鹿皮更是上等品質；各種海產豐富，樣樣取用不盡。且Dorcko所面對的台灣海灣（Bay of Tayouan，鹿耳海，後稱倒風內海）是內海中的內海，掩蔽良好，又可容納數百艘大船泊靠，再也找不到其他更優良的港灣了。而且，Formosa族人不重視金、銀的價值，又和善好客，無意爭鬥，也沒軍事防禦的觀念，要入侵佔領，就如探囊取物，完全不費吹灰之力。這般人間瑰寶，放之不取，著實可惜』引誘，才接受惡質唐山人的遊說，被引領由Dorcko入侵

台灣（Paccan）。」

「這我知道，我是說：如果原台灣（Paccan）智慧樂土的靈性社會早有面對被侵略、被蹂躪的心理準備，Paccan國度內人人懂得以『不合作』的態度應對，到底會如何有效應對早先抵達的惡質唐山人呢？」

氣聚靈：「若原台灣（Paccan）的智慧樂土社會早有被侵略、被蹂躪的心理準備，就懂得以『不合作』的態度應對。當四百多年前，唐山人逃犯僥倖存活而誤入台灣（Paccan）的Dorcko時，Paccan的Dorcko族人仍會本著好客、互助、分享之靈性，給予救濟和招待。如果這些唐山人逃犯能接受感化而融入智慧樂土的靈性社會，從此一起過著謙虛、溫和、互助、平等、分享以及與自然環境和諧的生活，Dorcko族人當然樂意接受。但在察覺這些唐山人邪氣滿盈、不接受感召，全無感恩之心，反而顯露壓霸、貪婪且貪得無厭之後，就應該懂得自我保護。當這些唐山人要求協助返回唐山時，Dorcko族人不會鄉愿地教導他們能安全穿越台灣海峽的航海技術，還送給適宜遠航的堅固大船。Dorcko族人應該是會護送這些已喪失人性的唐山人安全返鄉即可。如此就沒有後來的唐山人呼朋引伴到Paccan，以及伺機遊說荷蘭人入

侵Paccan，也不會有繼之的引誘鄭成功集團入侵台灣
（Paccan），也就無後來清國漢人滿官為瓦解鄭成功
集團勢力，以及為免除後患而侵略台灣、肆虐台灣之
起因。」

　　「我知道了！我在想，今日中國的覬覦台灣，
是起因於蔣幫中國壓霸集團的流亡台灣，在台灣煉製
『台灣受虐症候群』，以二次洗腦為手段，再用名利
引誘已深度漢化的台灣聞達人士加入其統治行列、充
當其鷹犬，將多數台灣（Paccan）人迷惑成假漢人、
假邊疆華人，中國就以中華民國同屬中國為藉口，夢
想侵略台灣而後快。類似當年清國漢人滿官，為瓦
解鄭成功集團勢力，免除後患，加上貪圖台灣優良
的環境和地理位置，中國處心積慮要重演三百多年前
侵略台灣之歷史。這是今日的實情。設若當年台灣
（Paccan）的智慧樂土社會早有被侵略、被踐踏的心
理準備，懂得以『不合作』的態度應對四百多年前
唐山人逃犯之僥倖進入Paccan，即能免除繼之的荷蘭
人、鄭成功集團以及清國漢人滿官的入侵、肆虐、
踐踏，更無後來的日本從滿清手中謀取台灣，則台
灣至今應該仍保持以Paccan為名的靈性智慧國度。但
是，以蔣幫集團的貪婪、壓霸和泯滅人性看來，二次
大戰中，蔣幫集團在中國已不得其民心，又早顯露不

可收拾的頹敗跡象，二次大戰後更成為人人喊打的流寇，在中國已無立足之地。蔣幫集團還是可能在逃亡時，選擇入侵Paccan（台灣）這最不具威脅性、人民善良又好客且物產豐富的靈性智慧國度。在這樣的情況下，Paccan（台灣）這智慧樂土的國度還是難以倖存。而且，現在『台灣受虐症候群』（重症斯德哥爾摩症候群）既已形成，不少台灣聞達人士甚至於認盜作祖，使得多數台灣人被洗腦而迷惑，誤認自己是漢人後裔，誤以為自己是邊疆華人，想要回復台灣（Paccan）原自主國度已難，再要恢復原智慧樂土的靈性社會，我看，更是難上加難。」

　　氣聚靈：「是難，但也不必那麼絕望。台灣人原智慧樂土的基礎靈性都還存在一些，只要完全攤開台灣史實的證據，讓全體台灣人澈底明瞭事實真相，以台灣人的原本智慧，台灣人應該是能夠很快清醒的，要重建靈性生活的原智慧樂土的完整國度，也就不會那麼難了。」

　　「是還有一些及早醒覺的人能完全攤開台灣史實證據，但『台灣受虐症候群』既已形成，尚有意志，肯仔細認知已變成非主流意識之『台灣史實』的人已是少數，在多數原台灣人被二次洗腦而進入深層迷惑的情況下，想要讓全體台灣人重新澈底明瞭真正

的台灣史實真相，還是太難了！」

　　氣聚靈：「是不容易，所以及早醒覺的台灣人就應有『承擔責任、必須努力、責無旁貸』的認知。」

　　「可是，即使多數台灣人真已覺醒，在所謂現代文明的發展之中，壓霸族群掠奪資源，併吞弱小族群建立大國，貪婪不止。大國既有人力、資源和土地的優勢，更能領先壯大，必肆無忌憚的開發大規模毀滅性武器，使小國居弱勢而無力與之抗衡。壓霸中國的崛起勢難避免，中國權貴一向慣於以鄰為壑，對鄰國早就一直虎視眈眈，崛起之後，更是侵門踏戶。再回顧其歷史，狂妄、壓霸如出一轍，未曾稍減。全體人類若可能覺悟『財、勢、名、位何其不值，無私、謙虛、平等、分享並與大自然和協共存之和樂、無罣礙生活，才是真實永續的人性生命價值』，則中國權貴必是最後才能驚醒。即使在人類面臨自我毀滅關頭時，中國權貴更可能仍不知悔改，而成為人類可能得以自救的最後絆腳石。台灣（Paccan）又近在中國的外圍，以中國權貴傳統的狂妄、壓霸成性，崛起、壯大後的中國，又怎麼可能單獨放過Paccan呢？」

　　氣聚靈：「是的，雖然智慧樂土的靈性社會對其他族群不具有任何威脅性，但以傳統上狂妄、壓霸

成性的中國權貴看來，崛起、壯大後的中國權貴應是不可能自願放過台灣。但若Paccan國度內人人懂得以堅持『不合作』的態度應對，壓霸中國在Paccan肆虐時，人人不抗爭、不順從、不聽從、不配合、不理會，即使被武力恐嚇、威脅，也任憑宰割，堅持到底，則雖壓霸、狂妄如中國權貴者，還是會感到棘手，難以久留。」

「但是，『任憑宰割，堅持不合作到底』必有不少犧牲，有不少犧牲就易出現恐慌，既有恐慌，就可能有人妥協，要Paccan國度內人人持續堅持『不合作』的態度，必然困難。」

氣聚靈：「之前談過，智慧樂土的靈性社會族群，已養成謙虛、互助、平等、分享以及與自然環境和諧生活的天性，不存在權勢和名位。智慧樂土的靈氣與功利權勢之異質氣相斥，絕不會習慣接受壓霸族群的操控。而且，智慧樂土的靈性社會族群，由於靈氣聚足且穩固，完全認知生命存在的意義，生命的價值在於和樂、無罣礙的生活，不會貪念喪失尊嚴與自由的活命，只要有『不合作』的心理準備，不會見有犧牲即恐慌。即使真有少數人因智慧不深、靈氣不固、意志不堅，可能向燒殺擄掠、無惡不作的壓霸侵略者妥協，但那畢竟是極少數，對智慧樂土內靈性社

會族群的持續堅持『不合作』態度，是不會有決定性影響力的。」

第十六回 ————————
不容錯覺和平

氣聚靈：「嗨！你好！」

「氣聚靈你好！很高興再與你相見。上回你說：『智慧樂土的靈性社會族群只要有不合作的心理準備，不會見有犧牲即恐慌，即使有人因智慧不深、靈氣不固、意志不堅而向無惡不作的壓霸侵略者妥協，但那也是極少數，不會有決定性的影響力。』」

氣聚靈：「是的！」

「雖說是如此，但是，以我的認知，瞭解會有犧牲和能完全以平常心坦然接受犧牲，還是有些差距。所以，我不敢相信，當生命受到威脅時，可能委屈妥協的人會是極少數。」

氣聚靈：「你會有此缺乏信心的認知，是因為

你生長於原Paccan智慧樂土之靈性社會已被完全摧毀的台灣，Paccan原有的眾多氣聚靈被打散回飄蕩之氣，不少靈氣甚至飄渺。現今台灣社會已是權勢和名位充斥，『眼前功利為先、靈魂尊嚴放一邊』之氣瀰漫，所以，是你感受得到的原Paccan智慧樂土實情不深所致。」

「你可不可以說明清楚一些？」

氣聚靈：「你知道，希望有安全的生活是每一個人必然的天性（即使是已然既得利益的權貴、巨賈和顯達），所以和平是大多數人所期待。只是，在所謂的現代文明中，一般國度和社會的權貴、巨賈、顯達，甚至於一般人民，受虛榮所引誘，在期待和平之餘，不自主地還想要保有個人的既得利益，有的甚至想要謀取更多利益。因為靈性智慧不足，不能體會偏執追求利益就是一種比較的競爭、就是由貪求所引發，貪求與競爭會惡性循環。常人競爭的失控帶來爭奪；國家、集團競爭的失控帶來戰爭。既是生活在競爭社會中，真正的和平必可望而不可及。所以，想要真實的和平，必須先戒除貪求，懂得實踐謙虛、互助、平等的生活。」

「在現代文明中，所謂的和平都是分出勝負，一方勝出時的短暫現象。勝出者得權勢，奴役被壓

制者而得意；失敗者心有不甘，伺機再鬥、再戰，要期待常態性的真實和平，就如緣木求魚，是癡心妄想。」

氣聚靈：「所謂的和平有兩種，一種是各方相互尊重之無差別的真實和平；另一種是一方屈從之災難性的表面錯覺和平。壓霸集團既狂妄而暴行侵略，怎會懂得尊重他人？若懂得尊重他人，就不狂妄，也不會有暴行侵略的作為了。在名利和權勢當道的現代文明中，多數人因靈性智慧飄蕩，不能瞭解所期待的和平是錯覺和平。錯覺和平是以自己向壓霸權勢投降、順服為前提。如果自己心甘情願，要這種錯覺和平有何困難！只是隨錯覺和平而來的，必是一連串的苦難。因為既是壓霸權勢得意，必然貪得無厭，仗勢欺凌只會有增無減。台灣整整四百年來的苦難，文明被摧毀、文化被破壞、族人被洗腦，靈氣隨之飄散，不正是這種錯覺和平所帶來的嗎？向壓霸權勢順服的和平假象，真是取得和平之初衷所想要的嗎？」

「當然不是！弱勢或小國向壓霸強權投降、順服以取得和平的本意，是希望藉由付出一些委屈和朝貢，換取長期的自主安定。這是靈性智慧不足才會有的夢想。因為若靈性智慧充足，必瞭解壓霸強權是貪得無厭才形成的，壓霸強權既已得意，仗勢欺凌當然

只會有增無減。屈從在壓霸權勢的肆虐下，怎麼可能會有自主性的安定！更何況，弱勢者的委屈順從，就好像是在同意壓霸強權的侵略惡行，並協助其偽造所謂正當性的自欺欺人謊言，造成其他的人或國家難以置喙，壓霸強權就更肆無忌憚了。現在的台灣，就是這樣的一個活生生的標準例子！」

　　氣聚靈：「所以，如果弱勢（不具備競爭或抵抗的力量）的社會和國度，因為恐懼，為了所謂的和平而必須生活在耀武揚威之壓霸集團的脅迫下，絕不可能有真實的和平，那是錯覺和平。也所以，靈性智慧的族群應能明白『在貪婪的功利霸權肆虐下，想要有真實的和平，必須拒絕委屈順服的錯覺和平，寧可付出犧牲生活品質甚至生命的代價，在所不惜』之道理。」

　　「我不禁想到，圖博也是另一個近在眼前的例子。圖博中國古稱吐蕃，現今中國稱西藏。圖博長期向強勢中國委屈進貢，中國國內自顧不暇時，是有乞得一時自主安定的和平。但當中國有另一派勢力勝出而崛起時，中國權貴的貪得無厭就會更加囂張，圖博的苦難有增無減。1959年，中國霸權再起，貪婪不止，揮軍入侵圖博，併吞圖博。中國併吞圖博之後，派駐大軍壓境，並殖民且強制漢化。當時雖有年僅17

歲的政教領導人達賴，率領一群追隨者拒絕委屈妥協，流亡印度。在印度的達蘭薩拉成立流亡政府，試圖等待復國希望的時機。留在圖博國內的族人，則接受委屈順服的錯覺和平，然而圖博事實上已遭滅國。達賴是有很充足的智慧，但達賴仍是出身於政教合一的階級社會，個人的智慧並未能在原圖博社會普及，以致圖博無法全民認知『向壓霸權勢委屈順服換來之一時錯覺和平，是不值得的』，也無『不合作』的心理準備。達賴的率領追隨者逃避；多數圖博國人的委屈順服，終就躲不過被滅國的結果。雖然達賴現在已無奈地願接受亡國的事實，僅乞求中國給予圖博人自治，不要把圖博人視為中國的僕役統治。中國權貴既已權勢得意，自然更形囂張，這微薄的請願，當然隨即被壓霸中國惡狠地拒絕。圖博已被壓霸中國強制漢化五十多年，加上中國有計謀的大量移民圖博，幾個圖博大城鎮內的眾多中國人，早已取得強勢主導力量，圖博人已是難以掙扎。圖博再想復國，即使想自治，都已是不可能。再過幾十年，連圖博族群的傳統和人文精神都將蕩然無存。這就是向壓霸權勢順服的必然下場！」

　　氣聚靈：「真實的和平只有在兩種情況下才會有：一是，全世界人類皆已走向智慧樂土的靈性社

會，謙虛、互助、平等、分享以及與自然環境和諧生活的靈性已養成，不存在權勢和名位，或至少已有此認知而正在學習之中，權勢和名位也正在消退之中。二是功利主義強國良心未泯，能懂得尊重其他族群，瞭解在不危害他人的情形下，人人應有自己選擇生活方式的自由。」

「現代人類全由大、小霸權掌控。社會由權貴、巨賈主導；國家由權貴、巨賈組成強勢的堅固共犯結構操控，他們尊榮得意、貪婪不止。上述第一種情況尚未存在，第二種情況則都是暫時性的。權貴、巨賈由貪婪形成，貪婪易誘發壓霸。所以，現代功利主義社會的所謂和平，都無法維持長久。」

氣聚靈：「是的！第一種情況的和平，是全體人類能維持永續幸福的希望，須等待人類以靈性智慧來達成。第二種情況的和平，在所謂現代文明的功利主義瀰漫下，事實上也都是無法持久的不完整和平。多數人類是良心未泯，然而既存功利心態，強勢者必有貪求。良心尚存的強勢者，雖不至於肆無忌憚的壓霸橫行，但仍會要求弱勢者順應其利得，還是無法完全尊重其他族群的自主權。若強勢者真能完全尊重其他族群自由選擇生活方式的自主權，那也離智慧樂土的靈性社會不遠了！」

「更糟糕的是，在功利主義瀰漫下，不時有貪得無饜的壓霸權勢竄起，形成壓霸集團，肆無忌憚的橫行，讓人類的悲劇永不得終止。」

氣聚靈：「所以，弱勢的族群、社會或國度，既無力對抗貪婪不止的壓霸集團，要避免錯覺和平帶來的全面性大災難，就不能對壓霸集團屈從、順服。弱勢者的堅持不順服，才能突顯壓霸集團侵略惡行的不正當性。而且，如果受害者委屈順從，就好像是在同意其侵略的惡行、默認其所謂正當性的謊言，其他國家想要聲援或救助也會顯得有氣無力，壓霸集團就更囂張了。」

「可是，在面對已喪失人性的壓霸集團時，不順服必會有不少犧牲，期待其他列強的救援，又非必然可成，弱勢者是真難抉擇。」

氣聚靈：「所以，人類想要永續的實質和平，最終只有全面建立靈性智慧的生活社會才能達成。對抗貪婪不止的壓霸集團，本不是以靈性智慧生活的社會族群所擅長。發展並持有強勢武力，更非靈性智慧的族群所願為。相對於功利霸權，靈性智慧的族群就是弱勢。既然需要真實的和平，還堅持智慧樂土的靈性社會生活，又明知當前多數人類離智慧靈性很遠，功利主義壓霸權勢肆虐，以靈性族群的智慧，必懂

得須以『不合作』的態度讓壓霸集團知難而退。靈
性智慧的族群也肯定瞭解，在壓霸族群蹂躪下，『不
合作』必然會有犧牲，也能坦然接受這必會有的犧
牲。」

和諧、尊嚴、無罣礙是
靈性智慧族群維生的動力

　　氣聚靈：「嗨！你好！」

　　「你好！上回談到，以靈性族群的智慧，既懂得以『不合作』的態度應對壓霸族群的侵略，肯定也瞭解在壓霸族群的蹂躪下，『不合作』必然會有犧牲，也能坦然接受這必會有的犧牲。」

　　氣聚靈：「是的。」

　　「但以我的觀察，人之視生命珍貴是天性，能真實認知生命存在的意義和價值，且不貪求苟活的人總是不多。當生命受到威脅時，能不恐慌的人也應該不會太多，有恐慌就會有委屈妥協。所以，僅以『不合作』應對壓霸侵略者，想要壓霸侵略者知難而退，我看成功率不高。」

　　氣聚靈：「你會有此認知，是以身處功利社會

的觀察所得，但現在談的是靈性智慧的社會。既是智慧樂土的靈性社會，已養成謙虛、互助、平等、分享以及與自然環境和諧生活的天性，必不信仰權勢和名位，且已根深柢固。你想想，當人既輕視功利，又不接受權勢或名位引誘，必不存在貪念，生命價值的全貌就是『和諧、輕鬆、自在、無罣礙』。靈性智慧之人，早已將獸性退除乾淨，會為貪求苟活，而寧願過著缺乏人性尊嚴的被奴役生活嗎？人若喪失靈性又缺乏尊嚴，就會陷入『功利為先』的深淵，那是權勢當道的所謂現代文明，何來智慧樂土的靈性社會！貪求活命是貪念的一環，靈性智慧之人既不存在貪念，定能認知生命本無常。能生活是機緣和因緣所賜，必也須隨機緣和因緣的退場而逝。所以，靈性智慧之人面對生命的來或去，都輕鬆、自在而無罣礙。靈性智慧之人認知：靈性生活是生命之福，當生命福分已盡，即是生命的終點。生命之福（尊嚴、自在、無罣礙）的被剝奪，和生命福分已盡的生命終點沒兩樣。這樣的心境，面對生命威脅時怎會恐慌？怎會為求苟活而委屈妥協呢？」

「理論上看是沒錯，但在心理上，我還是沒能有完全的信心來確認。」

氣聚靈：「你還存有心理上的遲疑，也是理所

當然！你是有原Paccan智慧樂土靈性社會的認知，但未有過親身體驗。就如心有理想，理想是需經努力才能實現。理想是內心的思量，並非自然的存在。在理想達成之前，心智清明之人自然不敢事先肯定。也因為不敢肯定，所以心智清明之人知道要努力以赴，才得以成就智慧樂土之靈性社會的完整國度。既是歷經努力才得到尊嚴、自在、無罣礙的靈性生活，不但會珍惜這樣的靈性生活，更完全認知『尊嚴、自在、無罣礙的生活』是維持生命的唯一價值。」

「你可以更清楚地說明嗎？」

氣聚靈：「你試想，今日所謂現代文明之所以名位勢利當道、霸權肆虐，且肆無忌憚的浪費資源、毒害萬物生存的環境，不都是虛榮及貪婪所引發？智慧樂土的靈性社會既然早已洗除這些邪氣，生命的價值，是完全浸潤在謙虛、溫和、互助、平等、分享以及與自然環境和諧的安詳、和樂生活之中，情緒平靜而自在。智慧樂土社會的靈性生命之福，在於能夠享受真實的『安詳、和樂與自在』。既瞭解生命是機緣和因緣的賜福，必也知道生命之福須隨機緣和因緣的消失而逝。靈性智慧之人的生命之福在於生活的安詳、和樂和自在，不在於物質的享受。既明白『得有生命之福，已是有幸』，靈性智慧之人『知福、惜福

而不貪求』，所以靈性智慧之人不貪生，也不恐懼死亡。靈性智慧之人都是慎重看待生和死，沒有激動。在靈性智慧的社會，生是賜福，須感恩，是可喜悅，但並不特別興奮；死是終點，非所願，是覺婉惜，但並不特別悲傷。既然明知有生就有死，在身體自然退化到無力享受『安詳、和樂、尊嚴和自在』的靈性生活之福時，靈性智慧之人自知福份已盡，必是坦然接受生命之臨終。當面對被壓霸族群威脅、蹂躪時，是一樣已不能繼續維持生活的安詳、和樂、尊嚴和自在，就如同身軀自然退化到盡頭時，已無體力繼續維持生活的安詳、和樂、尊嚴和自在，自知福份已盡，當然也能坦然接受生命的結束了！所以，只要靈性智慧族群有面對被壓霸族群侵略與蹂躪的心理準備，懂得以『不合作』的態度應對，面對生命威脅時，當然不會恐慌到為求苟活而委屈妥協。在面對壓霸集團肆虐時，人人不抗爭、不順從、不聽從、不配合、不理會，即使被武力恐嚇、威脅，也任憑宰割，堅持到底。被侵略者的集體堅持不合作，壓霸統治即增加麻煩，也將令侵略者無法順利就佔領地取得補給和利得。侵略者的獲利不如侵略行動的付出，侵略者繼續侵略的意願自會降低，則雖壓霸、狂妄如中國權貴者，還是會感到棘手，難以久留。」

先有靈性社會示範國度的
智慧樂土，人類才有希望

氣聚靈：「嗨！你好！」

「氣聚靈你好！上回談到，智慧樂土的靈性社會國度，能以『不合作』之態度拒絕壓霸族群的侵略，我暫時是明瞭了。但是，你以上的闡釋，還是立基於靈性智慧之族群已成就了靈性社會國度的智慧樂土。」

氣聚靈：「是的，及早醒悟靈性智慧的個人或族群，須努力號召，先建立智慧樂土的靈性社會示範國度，才有希望成就全體人類的靈性社會。全體人類都過著靈性社會的和樂生活，地球才得以免於毀壞，人類也才能夠免於滅亡。」

「但是，事實上，靈性社會國度的智慧樂土已

世上無存，少數靈性智慧之人或族群也被排擠在零散的角落。所謂現代文明的功利主義瀰漫，又使世上已權勢、名利當道，壓霸集團的貪婪更是燒殺擄掠無惡不作。要想由少數又分散的靈性智慧之人，組成靈性智慧生活的社會國度，已可說是幾乎不可能。沒有如原Paccan智慧樂土的靈性社會示範國度，你所闡釋之集體以堅持『不合作』態度應對壓霸集團的情況難以形成，想要貪婪的壓霸集團知難而退，也就幾乎是不可能。那人類想要由擁有靈性智慧的個人或族群，建立永續的智慧樂土示範國度，及早帶動全體人類一連串的醒悟，繼而引領全體人類過著謙虛、互助、平等、分享以及與自然環境和諧的安詳、和樂、自在之生活，期待地球和人類能在『地球不能挽回、人類無法挽救』之前得以保全的希望，必也勢將落空。」

氣聚靈：「是很困難而不是不可能，所以及早擁有靈性智慧的個人或族群必須努力，責無旁貸。你剛才也是說『幾乎不可能』而不是斷然否定，這表示，你內心深處其實還存在著希望。現代科技開發所顯現的毀滅性可能災難，以及現代文明運作對地球撒下無法回復的污染與毒害，早在明顯侵蝕人類的健康以及毀壞人類賴以生存的自然環境，大眾已不可能完全視若無睹。霸權爭鬥所發展出的全面毀滅性危機也

早就明顯存在，已有不少具深層遠見智慧的人有所覺悟。能感受到『權貴、巨賈、顯達在生命大限來臨之時，才醒悟浪費一生於無止境的爭奪虛榮、名利和權勢何其不值，悔恨與痛苦交加』的人也漸增多，在功利主義瀰漫的所謂現代文明社會，要宣導靈性社會之智慧生活是難，但較以前人類幾乎全無此警覺的時候容易些了。所以，只要現在及早擁有靈性智慧的個人或族群繼續努力，努力宣導靈性社會之智慧生活，集結志同道合但散在的靈性智慧之人，先組成一方靈性智慧的生活社會，要進而成就靈性社會的示範國度，希望還是存在。」

「看來是很合理。然而，即使已成就智慧樂土的靈性社會國度，靈性社會的國度雖是大眾皆具靈性智慧，內政不會繁雜，仍然會有偶發事件需要處理。而且，率先成立靈性社會的智慧樂土示範國度，不可能完全自外於現實的功利社會國際，必然也有一些外交事務需要交涉、需要處理，所以靈性社會國度仍需要有運作的政府形式。政府運作的形成，就可能出現權貴、顯達，那靈性社會國度豈不是又要走向權勢和名利的突顯而崩壞？」

氣聚靈：「不，不會的！你會有這項疑慮，是因為你一時忘了原Paccan靈性智慧社會的運作方式。

原Paccan靈性智慧社會的運作，正是一個真實的智慧典範。」

「那就請再詳細提醒。」

氣聚靈：「靈性智慧的生活社會，人要的是全人的修為，人的每一質素都同等重要。一個人的任何能力再好，也只是全人中的一小部分而已，只要是人就應受到同等敬重。不必因某人的某樣能力特別好，就給予特別的恭維，沒有所謂高人一等這回事。每個人都非常謙虛，互相禮貌與敬重。不會因為一個人缺乏學術、威望或財富，就對他不夠尊重；也不會為因一個人擁有較高學術、威望或財富，就對他特別敬重。Paccan人只有對年長者會特別尊敬。這種靈性的智慧修養與社會結構，沒有階級觀念。每一社區、區域至國家都設置議會，負責處理社區、區域至國家的各項事務。社區議員由推荐或選舉產生，區域議員由社區議會推派或選出，國會議員由區域議會推派或選出。各級議會議長由議員輪值。各級議員最多只能做兩任，沒有薪俸。議會外，也不因議員身份而會受到特別敬重，因為議員純粹只是替大眾做事的義工。平等、互助是靈性社會的常態，議員做義工只是平等、互助社會的一環。議員開會，大眾感謝議員的辛勞。議會外，議員一如常人，沒有特殊的身份位階。所

以，各級議會議員之推荐或選舉，少有激烈競爭的現象，也不會有權貴、巨賈、顯達出現在社會中。這就是原Paccan智慧樂土之靈性社會國度的政務運作方式。」

「但不論是推荐或選舉議員，總是要選賢與能。若需要大眾作出正確選擇時，就得有選舉活動，給予大眾認識候選人品德、智慧和能力的機會。競選活動常須大筆經費，缺乏經費與人脈的候選人，面臨經費充裕和人脈豐厚的候選人，總是處於劣勢，選賢與能的理想還是落空。」

氣聚靈：「哈！你還沉溺在現時的表面民主現況中。現在世界上的主流民主制度，都是由既存之權貴、巨賈和顯達私心自用所設計出來的表面民主。是借民主之名，行權貴主導之實。真正的民主制度，權貴、巨賈或顯達不能佔優勢，是庶民政務的民主。靈性智慧的社會，沒有權貴、巨賈或顯達存在的機會。」

「什麼是權貴、巨賈或顯達不能佔優勢的庶民政務真民主？懇請詳細說明！」

氣聚靈：「真正的民主制度，候選人不得，也不會私自從事競選活動。選舉前是由公家辦理候選人介紹、政見發表會以及選舉宣傳活動，每一位候選人

有相同的機會讓大眾認識其品德、智慧和能力,以便大眾作出正確的選擇,候選人無須擁有人脈或自備競選經費。」

「我懂了,現在世界上的主流民主制度,既然都是由既存之現代權貴、巨賈、顯達所設計出來的,權貴、巨賈、顯達私心自用,故意制定對己有利,且暗中排除庶民參與的表面民主。權貴、巨賈、顯達是既得利益者,挾其既得權位和財力的優勢,權貴、巨賈、顯達相互勾結,也互相利用,能輕易從事對他們有利的競選與造勢活動,權貴、巨賈、顯達當然容易借由表面民主的選舉制度爬上更高位階。等權貴、巨賈、顯達爬上了更高位階,再集體制定對己更有利的規則。於是現代民主制度,就成了權貴、巨賈、顯達獨占的權貴政治。」

氣聚靈:「是的,就看看現今台灣的表面民主,候選人選前就須繳納保證金,首先排除了真正的庶民。一般庶民,雖具真實的品德、智慧和能力,即使得以賣力籌措出保證金,也無力負擔龐大的競選、宣傳與造勢等活動之經費,得票數不多的可能性很大,保證金就被沒收,一般庶民即使有再大的志氣也被嚇阻。權貴政治已交相謀利,竟再集體制定選後自肥的法令,拿全體納稅人的辛苦所得,依得票數補償

參選人（尤其是當選人）金錢，真是貪得無饜！」

「我知道，所以我常氣憤，氣憤的不只是權貴的自肥，更氣憤為何庶民大眾能夠放任權貴一再經由騙術選舉掌政自肥。權貴政治制定選後依得票數補償參選人的自肥規矩，美其名為『幫助無財力，但有能力之賢者的參政機會』。其實只要稍微想一下，就可以看清這彆扭的騙術。無財力但有能力之賢者需要的幫助，是選前的同等競選條件。選後的補償，只是優勢權貴的錦上添花。選前的同等競選條件，是公辦競選活動，沒有個人的宣傳或造勢。選後的依得票數補助，無財力、無人脈者，站在不公平的跑道上，只能望錢興歎！事實上，每次選後所花費的巨額補助公帑，要用來好好辦理公辦競選活動，已是綽綽有餘！」

氣聚靈：「你還氣憤？那表示：雖然你我已經多次會談、提醒和討論，你仍然是嗔、癡未減！」

「我知道，應該是我資質不佳或智慧不足吧！我是有經常提醒自己反省，也有試圖努力改善，但還是經常陷入嗔、癡罣礙。唉！實在差勁。」

氣聚靈：「哈！不必自卑。我說你嗔、癡未減，是表示鼓勵，並無貶損之故意。你是屬一般常人的資質，智慧經你自己的努力也有在增長。因身處環

境使然，你智慧的洗練是不足。但據我觀察，還好啦！即使以靈性社會標準而言，也還可以了。不必苛責！」

「多謝安慰！」

氣聚靈：「其實，在功利主義瀰漫的現今世上，盛行的都是由權貴主導的表面民主，權貴、巨賈、顯達相互勾結自肥，已成常態，只是遮掩的手法各有不同而已，並不值得訝異。何況在蔣幫中國壓霸集團煉製『台灣受虐症候群』之摧殘下，台灣的權貴、巨賈和顯達更是得以膽大妄為地橫行了！」

「我懂了，智慧樂土的靈性社會國度，國家、社會的事務由議會主導，各級議員最多只能做兩任。各級議會議長由議員輪值，議員由推荐或選舉產生。議員純粹只是替大眾做事的義工，沒有薪俸。議員開會，大眾感謝議員的辛勞。議會外，議員一如常人，沒有特殊的身份位階，也無利可圖。有二人以上的候選人時，由公家統一辦理候選人介紹、政見發表會和競選活動，每一位候選人的品德、智慧和能力都有公平的機會讓大眾認識，以便作出正確的選擇。每一位候選人的起跑點和跑道都沒有差別。所以，智慧樂土的靈性社會國度，沒有人能自以為是高人一等或被認為是大人物；沒有權貴、巨賈、顯達出現的機會；沒

有所謂的首長、國王、領導人或總統。」

　　氣聚靈：「是的。」

　　「但我還想到一個問題：國家、社會都偶爾會發生突發狀況。面臨突發狀況時，若沒有所謂的首長或總統，要如何迅速做出決策並付之實行？」

　　氣聚靈：「發生突發狀況時，若事情緊急，來不及開議討論，由輪值議長負責做決策並執行。」

　　「若輪值議長嚴重失職呢？雖是智慧樂土的靈性社會國度，還是不能說這情況絕不會發生。」

　　氣聚靈：「輪值的國會議長嚴重失職，由國會議員的三分之二多數決撤換，依排序遞補，各級議會輪值議長亦同。國會議員失職，由推舉的區域議會撤換；區域議員失職，由推舉的社區議會撤換；社區議員失職，由社區民眾撤回，再推薦或選舉出新的社區議員。」

　　「懂了！」

第十九回

Paccan（台灣）如何復國，台灣（Formosa）如何回復靈性智慧的國度

氣聚靈：「嗨！你好！」

「氣聚靈你好！上幾回我們談到：努力『試圖讓全體人類在無法挽救之前及早醒悟』，是及早有靈性智慧之個人或族群被賦予的責任，並須努力先成就靈性社會示範國度的智慧樂土。也說：智慧樂土的靈性社會國度，若有被壓霸侵略的心理準備，人人即能以堅持『不合作』拒絕壓霸集團，侵略的壓霸族群必會知難而退。於是，靈性社會的示範國度就得以持續在智慧樂土上過著尊嚴、謙虛、自在、分享以及與自然環境和諧的安樂生活，並逐步引導全人類走向互助、平等、不再貪婪的和樂生活，地球才得以免於毀壞，人類也才能夠免於滅亡。」

氣聚靈：「是的。」

「又談到：雖然台灣曾有Paccan數千年以上的靈性智慧社會之傳統本質和生活經驗，但四百多年來Paccan原有的眾多氣聚靈已被打散回飄蕩之氣，今日蔣幫中國壓霸集團的邪氣又在台灣氾濫，Paccan靈氣的重聚有相對的困難度在。所以率先帶動全體人類及早醒悟的希望和能量，可能先出現在世上任何其他地方，雖然還是包括也可以重新出現在台灣。還說：台灣人原Paccan智慧樂土的基礎靈性智慧都還存在一些，只要完全攤開台灣史實的證據，讓全體台灣人澈底明瞭事實真相，以Paccan人原本的靈性智慧，要重建靈性社會的原智慧樂土國度也就不會那麼難了。」

氣聚靈：「是的。」

「我不禁在想，既然台灣族人仍承襲有自四百年前殘存的Paccan（台灣）靈氣，內心深處一直潛存著謙虛、互助、平等、分享以及與自然環境和諧生活的善良與智慧。那麼，在Paccan人多數已被踐踏、洗腦至忘了自己是誰的現實情況下，Paccan（台灣）應該如何才得以有效回復原智慧樂土的靈性社會國度呢？」

氣聚靈：「要回復原Paccan（台灣）智慧樂土的靈性社會國度，必須先恢復台灣為完整自主的國

度。」

「這我知道。即使台灣無能再率先回復靈性社會示範國度的智慧樂土，為了台灣（Paccan）人生命的價值和人性的尊嚴，以及為了台灣（Paccan）靈氣的再聚集和延續，台灣（Paccan）都必須要復國。但是，在多數台灣（Paccan）聞達人士已然『台灣受虐症候群』（重症斯德哥爾摩症候群）纏身的情況下，台灣要如何才能重回完整的自主國度呢？」

氣聚靈：「我說過，以Paccan人的原本靈性智慧，只要完全攤開台灣（Paccan）史實的證據，讓全體台灣人澈底明瞭歷史事實的真相，台灣人應該是能夠很快清醒的。只要多數台灣人覺醒了，靈氣可以重新凝聚，台灣（Paccan）要復國也就不會那麼難了。」

「可是，自從四百多年前Paccan族人善心收留僥倖存活而誤入Paccan的惡質唐山人逃犯後，歷經荷蘭人異質氣和鄭成功集團邪氣的入侵，再被漢人滿官的強迫漢化，過程中所有Paccan文明被摧毀，文化又已幾乎被消滅殆盡，Paccan靈氣已飄蕩。有少數台灣（Paccan）人受漢化影響，沾染其惡習，甚至學著為求聞達而認盜作祖，偽裝假漢人。七十年來，台灣（Paccan）人又再被蔣幫中國壓霸集團

二次奴化洗腦，眾多台灣聞達人士因被洗腦教化迷
惑，竟甘心跟著認盜作祖，偽裝成假漢人、假華人
甚至假中國人，誤導了多數台灣（Paccan）人，拖
累了多數台灣（Paccan）人隨之迷糊，多數Paccan
靈氣因而飄渺。多數台灣（Paccan）人已遺忘台灣
（Paccan）的歷史真相，不少台灣（Paccan）人甚至
也跟著誤以為自己是漢人移民後裔、誤以為自己是
華人。在這種情況下，雖是有一些清明人士在努力
向全體台灣人展示史實真相的證據，但似乎仍成效
不張。雖然已有一些及早醒覺之人，把完整的台灣
（Paccan）史實證據一一列舉在眾人眼前，在『台灣
受虐症候群』（重症斯德哥爾摩症候群）的廣泛影響
下，願意仔細瞧一瞧台灣史實證據的台灣人還是不
多，願意痛改前非，完全承認史實證據的假漢人、
假華人、假中國人更少，真是令人洩氣。台灣聞達
人士，尤其所謂的台灣人台灣歷史學者，即使明知
『漢人滿官侵台，是把全部唐山人趕回中國，連死在
台灣的唐山人屍骨也從墳墓裡挖走』、『有渡台禁
令』（【渡台禁令】雖曾有幾次短期解禁，但開放
的僅是准許派台人員攜眷以及特殊身份者的短暫逗
留而已）、『1847年北路理番同知史密上書清廷說
【全台無地非番，一府數縣皆自生番獻納而來】』、

『1886 劉銘傳任職台灣巡撫上書清廷（劉銘傳清賦的12項建議）【蓋台地雖歸入清朝版圖，而與內地聲氣隔絕】』、『日本從清國手中奪取台灣，接收滿清官府的戶籍文書。滿清官府戶籍文書記錄，台灣人都註明是【漢化民】熟番及【未漢化】生番』，卻因為假漢人當上癮了，故意偽裝失憶症。更令人難以理解的是，蔣幫壓霸集團繼承人，台灣教育部高中課綱檢核小組的謝大寧，於2015年6月10日公開叫囂：『歷史課綱有高度政治性，不是要闡述(真實)歷史，而是要把不同來源的人凝聚為共同的【國族】，建立【我群】意識。』這是用世故老練的文言說出，以白話來講，意思就是說：『台灣的歷史課，本來就是用以洗腦台灣人的工具，不必敘述史實，能讓你們原台灣人迷糊而甘心臣服即可。』台灣聞達人士竟然還能裝聾作啞，繼續自我麻醉，仍甘心沉迷在『假漢人』、『假華人』之『以次高級自爽』的虛榮中。依此觀察，想要全體台灣人能夠很快清醒，我看難了！」

　　氣聚靈：「因為現今的所有台灣住民，全部都是在蔣幫中國壓霸集團以偽造文書二次奴化洗腦教化下成長的，要從根深柢固的錯誤認知中覺醒，是不容易。法國生理學家Claude Bernard就有句名言：『既

有的知識，是思考和學習正確認知的最大障礙。』人
若不能瞭解到自己的既有知識可能並不完整，甚至可
能是錯誤的，則思考就會一直被這先入為主的既有知
識所限制，因而無法走出錯誤知識的窠臼，所以『既
有的知識，常是思考和學習正確認知的最大障礙』。
這就是清廷漢人滿官，尤其蔣幫中國壓霸集團肆虐台
灣時使用的狠毒招式，這種奸狡手段實在有夠陰狠。
他們全面查禁台灣文明、文化，再偽造台灣歷史（由
『斯德哥爾摩候群』心理疾病纏身的台灣聞達人士協
助），用來洗腦台灣人，塑成台灣人先入為主的錯誤
知識，使台灣人要重新正確思考、正確認知已難上加
難，所以我才說『及早醒覺的台灣人要努力』。首先
必須要完全攤開台灣（Paccan）史實的證據，努力讓
全體台灣人澈底明瞭台灣歷史事實的真相，全體台灣
人才能夠澈底覺醒，台灣（Paccan）的將來也才會有
希望！」

　　「依我的觀察，及早醒覺的人士已經很努力
了。但是，現在的台灣聞達人士（尤其所謂的台灣歷
史學者），全是在蔣幫中國壓霸集團偽造歷史的這段
洗腦教育時間內學習、認知並成長，滿腦子充斥的盡
是這些偽造文書的記憶。多數台灣聞達人士心態上仍
然受到『台灣人身份被洗腦後的迷失』所禁錮，以致

難以從錯誤認知中覺醒。而大眾的認知，無論是來自學校教育或社會教化，絕大部分又都是受聞達人士（尤其所謂的台灣歷史學者）所影響。風行草偃，使得一般台灣民眾更受到深化迷惑。台灣聞達人士之為害，更是習以為常！事實上，真正對原台灣人靈性智慧和靈魂尊嚴造成嚴重傷害的，其實主要是來自台灣自己國內的這些聞達人士。台灣聞達人士，已成為台灣人想要覺醒、台灣想要回復完整自主國度的最大阻礙。在這種情形下，我實在看不出有多少能讓全體台灣人清醒的機會。」

氣聚靈：「所以，及早醒覺的人要繼續努力！」

「是要繼續努力才應該。但以我自己為例，我能做的都已做了，又拖著病體殘身，還可以有多少餘力、多少時間能做些什麼呢？我正在想，或許只得抱憾回歸塵土；就此放下憂心，靜待死期的到來吧。」

氣聚靈：「唉！看來你潛存的嗔、癡還是未減多少。生與死是大自然機緣和因緣的運作所為，有靈性智慧之人是慎重生與死，但不會特別顧慮生或死。既然機緣和因緣所賜的生命還在，就順應機緣和因緣吧。『靜待死期到來』意謂無所事事的浪費生命，那與違背機緣和因緣之結束生命何異？既然機緣和因緣

所賜的生命還在，就可一面安享和諧之樂福，同時在平常心之內繼續為所應為吧！你會生此感慨，顯見你努力之心已失之勉強。我說過，個人的努力若過度勉強，可能對努力者自身造成不該有的傷害，也可能反而招致更持久的附加悲劇。所以，是應該放下憂心，就一面安享樂活，同時為所應為吧！」

「你所言極是！那麼，假設多數台灣人都明瞭史實真相而澈底清醒了，又怎麼能肯定肆虐台灣已久的中國壓霸集團會知難而退呢？」

氣聚靈：「當大多數台灣人都明瞭史實真相而澈底清醒之後，瞭解了Paccan（台灣）四百年來的苦難，也認知了台灣是原Paccan智慧樂土的靈性社會國度，以Paccan人尚存的原靈性智慧本質，靈氣可重新凝聚，要讓中國壓霸集團知難而退就容易多了。大多數台灣人只要澈底明瞭史實真相，認清了蔣幫中國壓霸集團殘暴、陰狠、貪婪和狡猾的本質與伎倆，就能瞭解過去被洗腦的呆奴化過程，也就較容易從『被洗腦後的迷惑』中清醒。多數台灣人從『被洗腦後的迷惑』中覺醒後，自然不會認同所謂的『中華民國』。多數台灣人智慧靈氣重新聚集，必懂得以『不合作』態度面對蔣幫中國壓霸集團及其以高級中國人自大的繼承人，也能從台灣表面民主的選舉中取得穩定持續

的執政權。所以，重要的是，一定要先讓全體台灣人能澈底明瞭台灣史實的真相！」

「但是，看看今日台灣的現況：由於多數人因自幼被呆奴化洗腦而迷惑，在「利益分贓」和「共犯結構」的雙重吸納下，不僅誘使不少台灣人參與了外來侵略者統治權力的罪惡行徑，更使得一些貪求聞達的台灣人，竟陷入『台灣受虐症候群』的心理疾病中，成為侵略者鞏固其特權的依靠，這情形實在令人洩氣。甚至於，在中國不斷於國際上羞辱台灣、打壓台灣，並佈署1500枚飛彈瞄準台灣、持續威脅台灣的情況下，『心中無祖國』的台商企業，還是為了短期近利，不知死活的前仆後繼，擠往中國獻身。台灣資金大量流向中國，產業過度外移中國，不但台灣陷入財務困境，台灣經濟運作受到中國鉗制，更幫助成就了今日中國霸權的崛起。台灣經濟脈絡都是由短視又貪婪不止的權貴、巨賈和顯達掌握，不少台灣人的心性又已被扭曲至『眼前功利為先，靈魂尊嚴放一邊』的境界，崛起的中國更不斷以近利陷阱引誘。要說『只要完全攤開台灣史實證據，讓全體台灣人澈底明瞭事實真相，多數台灣人就會清醒，一定可以在民主選舉中取得穩定持續的執政權』，我還是不太有信心！」

　　氣聚靈：「事實上，今日台灣人的荒謬行為和台灣處境的危機，是來自國家認同的模糊與混亂。而台灣人國家認同的模糊與混亂，則都是由於七十年來蔣幫中國壓霸集團偽造歷史的洗腦，使得多數Paccan人無法肯定自己是誰，善良移民更對成為完全的台灣人感到遲疑。所以，只要完全攤開台灣史實的證據，讓全體台灣人澈底明瞭事實真相，知道七十年前的原台灣人並非漢人後裔、不是華人，更絕不是中國人，多數覺醒台灣人就能夠有明確的國家認同，善良的中國移民也會以歸化成台灣人為榮，清醒的台灣人也必能在民主選舉中取得穩定持續的執政權。所以我說：最重要的，必須先要讓全體台灣人澈底明瞭台灣歷史事實的真相，台灣人才能澈底清醒，台灣（Paccan）的將來也才會有希望！」

　　「但是，即使台灣人已在民主選舉中取得持續的執政權，以現在多數台灣聞達人士已假漢人、假華人當上癮的情況看來，政黨輪替的政權接管，只是表面形式上的民主，不可能發展成穩定的實質民主形式，更不可能建構一個正常的台灣國家，也缺少全體台灣人深層的整體意志和國家感情。台灣人若仍持續糾葛於「中華民國在台灣」的殘餘中國形式裡（死而不僵的中華民國），台灣人永遠須面對另一個中國

（實質之中華人民共和國）的在旁虎視眈眈，要展開新的國家建構必然極為困難，而且充滿危險。要靠這些取得執政權的台灣聞達人士，來維護台灣的完整自主國度，我看還是困難重重。」

　　氣聚靈：「是沒錯！現在台灣只是表面上的所謂民主化，能取得台灣自主執政主導力的，仍然必屬已是顯達或次權貴的既存台灣聞達人士。而這些台灣聞達人士，歷經中國壓霸集團的洗腦教化，『斯德哥爾摩症候群』終生纏身，已假漢人、假華人當上癮，自以為『高級了』，當然是較難自我覺醒，這是事實。所以，率先醒覺的台灣人，只好努力從『向普羅大眾展示台灣歷史事實的證據』做起。台灣普羅大眾的迷糊、迷失，多數是受到深陷『台灣受虐症候群（重症斯德哥爾摩症候群）』的台灣聞達人士所影響，並非自願，靈性智慧尚存，應該比較容易清醒。如果多數台灣人已明白台灣史實真相而清醒，這些已假漢人、假華人當上癮的台灣聞達人士，既要維持其權貴、顯達的身份和地位，即使內心仍在掙扎，仍會不得不表現出順應大多數民意的態度。如果多數台灣人已清醒，已澈底明白台灣歷史事實的真相，台灣人要取得穩定、持續的執政權；要維護台灣的完整自主國度，應該都不會困難的。」

「話雖沒錯，但台灣經濟脈絡都是貪婪不止的權貴、巨賈、顯達所掌握，不少台灣人的心性已被扭曲至『眼前功利為先，靈魂尊嚴放一邊』之迷離，崛起的中國又不斷以近利陷阱引誘。即使台灣人自己取得持續的自主執政權，但靈性智慧的恢復不是一蹴可幾，這由假漢人、假華人領導的自主執政權，其持續穩定度還是令人擔心！」

氣聚靈：「是的，完整靈性智慧的恢復不是一蹴可幾。但是，以台灣人的基礎靈性，若不是自囚於『台灣受虐症候群（重症斯德哥爾摩症候群）』的台灣聞達人士，只要完全明白台灣史實真相，應該不會長期沉迷的。所以，最重要的還是，一定要先讓多數靈性智慧尚存之平實台灣人能夠澈底明瞭台灣史實的真相！」

「但是，即使多數台灣人已澈底明瞭台灣史實的真相，一些台灣人之迷失於『眼前功利為先』，也不是那麼輕易能夠在短時間內覺醒。中國一向貪婪又狡猾，既覬覦台灣，必然以讓小利的『喊話』引誘意志未堅的台灣人向他靠攏、助其發展。加上繼承蔣幫之新在台中國壓霸集團的推波助瀾，是有不少靈性智慧不足的台灣人會不知死活地上鉤。1987年10月，鄧小平再次當選為中國中央軍委主席。鄧小平看清中國

共產主義已走入死胡同，而且建設和民生雙雙凋敝，他制定了改革開放的方針。鄧小平希望借由廉價勞力吸引外國資本和科技進入中國，協助中國發展。1989年中國發生天安門事件，中國形勢十分嚴峻。世界各國對中國說翻臉就翻臉的惡狠與殘暴心有餘悸，對中國廉價勞力的誘惑遲疑不前。中國在國際上被孤立，西方國家縮緊對中國的高科技出口。只有不知死活的台灣人被以『台胞（呆胞）』口號誘入，協助中國開發。1992年10月，鄧小平再喊出『堅持改革開放，以經濟建設為中心，實行所謂『有中國特色的社會主義』理論（實際上是由中國共產黨權貴一手掌握的嗜血資本主義）』。這時各國資本家才跟著呆胞的腳步，受廉價勞力的誘惑，開始逐漸攜帶科技製造業進入中國。所以事實上，中國的崛起，是由迷糊的台灣『呆胞』一手所拉拔起來的。以這前車之鑑，要維護台灣自主的完整國度，還是難免疑慮。」

　　氣聚靈：「但中國的猙獰面目無法長久隱藏，等目的到手，台灣人的利用價值沒了，不但小利誘餌不見，人還要被活剝生吞，這些陰謀都已逐漸清晰可見。台灣16年來的加速持續傾斜中國，遭受中國牽制所造成之台灣尊嚴和經濟的傷害，已顯現在台灣大眾的自尊和生計上。台灣2000年以前，歷經二十年努力

積蓄的實力和精髓，在2000年以後的16年內（尤其
2008年以後的8年內），幾乎全被中國騙走、吸光。
多數樸實台灣人已看出中國拿餌來台灣垂釣的陰險。
我說過，只要完全攤開台灣史實的證據，讓全體台
灣人澈底明瞭台灣的史實真相，多數台灣人必很快覺
醒，靈性智慧也可逐漸恢復，中國的誘餌不會再那麼
有效。此時就能維持穩定的自主執政權，不必太擔心
的。最重要的還是，一定要先讓全體台灣人能澈底明
瞭台灣史實的真相！」

　　「然而，在今日壓霸中國崛起的情況下，世界
多數民主國家為了自身的眼前利益而和中國妥協，不
肯承認台灣。在這情形下，即使台灣人自己取得穩定
持續的自主執政權，要維護在國際上的主權地位，還
是有困難。」

　　氣聚靈：「只要多數台灣人已澈底清醒，
就不會太困難的！多數台灣人既已明瞭自己是原
Paccan人（Formosans），自然會向全世界展示台
灣（Paccan）的歷史真相。讓全世界明白，台灣
（Paccan）自古與中國無關，台灣是被侵略的獨立國
度。台灣人不是漢人後裔、不是華人，更絕不是中國
人。清醒後的台灣人，既取得穩定持續的執政權，就
知道必須以台灣、Formosa或Paccan替國家正名。這

時就立即能得到全世界的認同，也會順利進入聯合國。」

「我知道了。1980年以前，世界各國的認知都是：1945年所謂中華民國的蔣幫軍隊，是在美國麥克阿瑟將軍率領的軍政府指派下，代表二次大戰盟軍暫時佔領台灣。1946年11月21日，美國國務院還特地遞交一份外交備忘錄，給駐華盛頓特區的所謂的中華民國大使館，向暫時佔領台灣的蔣幫軍隊告誡：『在經過各方合宜的談判，合情合理的處理台灣住民之國家地位，繼而作出主權轉換的條約之前，台灣在法律地位上仍是屬於日本。代表盟軍佔領台灣的軍隊不可放肆！』當時各國瞭解，1949年的所謂中華民國政府在台灣是『流亡政府』，中華民國流亡政府在台灣的一切作為都是非法的。充其量，所謂的中華民國流亡政府僅能被視為可暫時代表中國，所謂的中華民國流亡政府並不能代表台灣。是早期的少數台灣聞達人士因受漢化洗腦影響，轉性追求名利，禁不住虛榮誘惑而寧願認盜作祖，偽裝為假漢人、假華人。在歷經蔣幫中國壓霸集團的二次奴化洗腦後，這些賣祖求榮的聞達假漢人、假華人、甚至假中國人才漸漸多了起來。風行草偃，1970年後，受連累而輕易誤以為自己是唐山人或漢人後裔的原台灣人，也才逐漸多了起

來。2000年以後，自以為是華人的原台灣（Paccan）人，竟然快成了普遍狀況。這現象困惑了各國政府和人民，國際上的看法才逐漸傾向：『既然你們原台灣人（Formosans）自己（不論自願或非自願）大都表示是華人，那外人還能說什麼呢？』所以，國際上原本認知為『絕對非法』的所謂中華民國流亡政府，在1980年後就變成『有爭議的非法流亡政府』。甚至於2000年後，由於台灣聞達人士竟已普遍的認盜作祖，『有爭議的非法流亡政府』就開始逐漸偷渡成『有爭議的華人政府』，或甚至是『有爭議的中國人政府』。這就是造成今日台灣普遍自虐又荒謬的慘況之過程。今日台灣的悲慘局面，在外國人看來，事實上就是我們台灣人自己要把國家讓給中國。如果台灣人已明白台灣歷史的實情，多數台灣人必定覺醒，台灣就可以讓全世界都認清，原台灣人絕不是所謂的漢人後裔或華人，更絕非中國人，台灣是一個被侵略的獨立國度。那麼，世界各民主國家當然會很快重新認同台灣、Formosa或Paccan了！」

氣聚靈：「是的！」

「以上論述看似沒錯。但是，蔣幫中國壓霸集團及其以高級中國人自大的子孫，在台灣橫行慣了，且壓霸成性，即使大多數台灣人都已覺醒，不再順

從，也不再合作，他們真會那麼甘心知難而退嗎？何況台灣的軍、警、情治系統的武力都操控在蔣幫中國壓霸集團及其繼承人手中，他們既貪婪又壓霸成性，見到多數台灣人覺醒，又要抗拒中國化，很可能一如1947年的228事件，再於台灣掀起一場血腥大屠殺。若這情況發生，即使多數台灣人都已覺醒，台灣人也已取得執政權，但台灣人一定挺得住嗎？」

　　氣聚靈：「若多數台灣人已清醒，如1947年228事件的血腥大屠殺必不可能發生。因為，1947年當時，台灣人原本手無寸鐵，面對貪婪又殘暴的萬名中國武裝軍隊，卻能以奪來的武器，至3月8日的短短八天之內，幾乎完全接管台灣。是由於當時美國為軍援中國國民黨黨軍在中國對付共產黨，提供中國國民黨黨軍最新的重裝備武器，於3月8日下午，總數在六萬以上，配備這批最新重裝備武器的中國國民黨黨軍陸續入侵台灣，中國國民黨黨軍才得以在台灣掀起這場慘烈的血腥大屠殺。現在，台灣的軍、警、情治武力系統，是都操控在蔣幫中國壓霸集團及其繼承人手中沒錯，但軍、警、情治武力系統內多的是台灣人，只要多數台灣人已覺醒，軍、警、情治武力系統內的台灣人，必不甘心服從敵人『殘殺自己同胞』的命令。原善良中國移民的子女也有不少在軍、警、情治武力

系統內服役，在台灣史實真相已完全攤開的情形下，這些善良中國移民的子女，瞭解了台灣人七十年來受害的悲慘實情，也明白蔣幫中國壓霸集團及其以高級中國人自大的子孫之貪婪、殘暴、陰狠並人性盡失的事實，是不是願意繼續聽令於蔣幫中國壓霸集團及其以高級中國人自大的子孫，並協助中國壓霸集團在台灣橫行肆虐，都還是有很大的疑問。所以，最重要的還是，先要完全攤開台灣史實的證據，讓全體台灣人徹底明瞭史實真相。」

「所以，只要台灣史實真相的證據已完全被攤開，多數平實台灣人又已覺醒，蔣幫中國壓霸集團及其以高級中國人自大的子孫，能夠再於台灣掀起一場血腥大屠殺的可能性甚低。」

氣聚靈：「是的。」

「我瞭解了，只要台灣史實真相完全被攤開，多數台灣人必得以覺醒，台灣就能以台灣、Formosa或Paccan的正名建立完整的國家。但是，現代中國新壓霸勢力已崛起，現代中國權貴更壓霸、更貪婪、更殘暴。凡是貪婪又壓霸成性之人，當不得已而非放棄犯罪所得不可時，常有可能失心瘋地不甘，他得不到的就要砸壞，見不得別人擁有。所以，我看最後的結果也有可能是，狂妄的新、舊壓霸集團，和中國來個

理應外合，更心狠手辣的踩躪台灣。」

　　氣聚靈：「那僅僅是可能而已，絕非是很可能的結果。今日台灣面對中國時，處境的荒謬和危機，是源於台灣人自己國家認同的模糊與混亂。如果多數台灣人已覺醒，台灣就可以讓全世界都認清，原台灣人絕不是所謂的漢人後裔或華人，更絕非中國人。台灣人原本是一個遭到長期迫害的族群，台灣是一個被侵略的獨立國度。世界各民主國家本來就知道『中華民國』是一個流亡政府，當然會很快認同台灣、Formosa或Paccan了！列強各國必不會放任中國肆無忌憚的再侵略台灣。所以我說：最重要的是，一定要先讓全體台灣人能澈底明瞭台灣的史實真相！」

　　「你是說得有道理，但是，今日情況已非昔日可比。二次大戰結束初期，中國虛弱、封閉，和世界各國的利害關係不大。當時世界上的所謂民主列強各國，以人道、正義之名維護台灣權益，自己無可損傷，自然言出必行。只是，在一些因漢化而轉性貪圖名利、認盜作祖的台灣聞達人士助蔣為虐下，風行草偃，台灣人自己放棄了復國時機。現在中國霸權崛起，利害影響力可觀，世界各民主列強要以人道、正義之名維護台灣，必得付出代價，怎能肯定各民主列強願意出手呢？」

　　氣聚靈：「你的疑慮是沒錯，現今世界各民主列強都是功利主義國家，人道、人權、正義都只是在不損及自身利益情形下的口號。更多的是，以人道、人權和正義為藉口，行圖利自己、侵略他國之實。但別忘了，台灣地理位置的重要性並沒變，台灣位居從日本、琉球、菲律賓到印尼之西太平洋島鍊的中央，各民主列強不會忽視中國霸權之侵略台灣而大肆擴張優勢。何況此時若大多數台灣人都已覺醒，全世界都已認清台灣的歷史實情，中國已無任何可假借的名義，用以作侵略台灣之藉口。各民主列強為了自身的長遠利益，又有維護人道、人權和正義的響亮口號撐腰，出手干預的必要性很大。所以，最重要的還是，一定要先讓全體台灣人能澈底明瞭台灣的史實真相，以便喚醒全體台灣人的靈性智慧！」

　　「好吧！當台灣以台灣、Formosa或Paccan之正名恢復自主的完整國度，得到全世界的認同，也順利進入聯合國。那六、七十年前來到台灣的善良中國移民及其子孫要如何自處呢？」

　　氣聚靈：「當六、七十年前來到台灣的善良中國移民及其子孫都明瞭台灣史實真相，瞭解了台灣（Paccan）人四百年來的苦難，也認知了台灣原是Paccan智慧樂土的國度，就更能體會台灣（Paccan）

人好客、分享、平等、和諧的靈性智慧本質，應該會更願意融入台灣（Paccan）社會了。在台灣的善良中國移民及其子孫，從此可以在台灣（Paccan）一起過著和樂的生活。」

「假設台灣（Paccan）真又已回復靈性生活社會的智慧樂土國度，若有善良的中國移民或其子孫，因已習慣功利社會的生活，不能體會Paccan樂土的靈性智慧，無法融入智慧樂土的靈性生活社會，沒有意願繼續留在台灣生活呢？」

氣聚靈：「善良的中國移民或其子孫，既無貪婪、壓霸的野心，也許受現代功利主義瀰漫的影響，若其中真有人不能體會Paccan樂土的靈性生活智慧，無法融入智慧樂土的靈性社會以享受和樂、自在的生活，那只好由他們自行選擇了。善良的中國移民或其子孫，不論是要隨在台之中國壓霸集團回去中國，或是想移民去任何功利主義社會的國家，靈性智慧的覺醒台灣人都會盡力給予協助。」

「蔣幫中國壓霸集團及其以高級中國人自大的子孫呢？」

氣聚靈：「蔣幫中國壓霸集團及其以高級中國人自大的子孫，已狂妄成性，不知醒悟。當大多數台灣人都覺醒之後，必堅持對他們不順從、不聽從、不

配合、不理會的『不合作』。此時，蔣幫中國壓霸集團及其以高級中國人自大的子孫留在台灣，不再能妄行得意，權勢肆虐困難，權位、利益消減，貪婪不再輕鬆如意，更覺無趣。這情況下，慣於貪婪、勢利的蔣幫中國壓霸集團，以及其以高級中國人自大的子孫，必選擇離開台灣。」

　　「別忘了那些被漢化後轉性追求名利，自願賣祖求榮，為了虛榮，甘心在中國壓霸集團膝下承歡的『假漢人』、『假中國人』。這些人已冥頑不靈，清末有丘逢甲、林維源、連橫等人；日據末期有連震東、黃朝琴等人。現在歷經蔣幫中國壓霸集團的二次奴化洗腦，如連戰等，寧願在壓霸集團膝下承歡的假中國人更多了，他們歷經二次奴化洗腦，早已沉迷於『功利為先，尊嚴放一邊』。就如賭徒和吸毒者，上癮後明知賭博和吸毒有如慢性自殺，沒有未來，但就是抗拒不了已成癮而頹敝的身心驅使，繼續沉淪。這些已然無恥滅頂的『假中國人』，台灣人又要如何才得以感化他們呢！」

　　氣聚靈：「這些已然無恥、冥頑至滅頂的『假中國人』，既不可能悔改，當然無法感化，台灣人只好任由他們去了。但當大多數台灣人都已清醒之後，這些人冥頑不靈的無恥假中國人還有何面目混居台

灣？事實上，當多數台灣人都已覺醒，又回復了原Paccan之完整國度，這些『假中國人』在台灣已無利可圖，他們既已養成仗勢欺人的習性，習慣狐假虎威的生活，顯然也不會願意留在已復國的台灣。他們必然一如丘逢甲、林維源、黃朝琴及連橫、連震東父子等人，只得遁逃去中國了。不過，這些台灣假中國人，在中國已無被利用的價值，其下場可知！」

「我清楚了！但我還想到另外一個問題，那就是台灣自有語文已被摧毀至幾近消失。語文是文明和文化中很重要的成分。台灣自有文字已沒有人能認識，台灣自有語言也已不全，很難再於現實社會中恢復廣泛使用。在這情形下，是一大缺憾。」

氣聚靈：「語文是文明和文化中很重要的成分沒錯。各族群語文都自有其文明和文化的特色，使用其他語文很難清楚表達與描述特有文明和文化的精髓。但是，基於現實，在台灣自有語文已被摧毀至幾近消失的情況下，想要回復台灣自有語文，工程太浩大了，近乎不可能。即使勉強為之，也已不可能完整。要為恢復不完整語文付出這麼龐大的心力，又成效不張，實在不能說是『為所應為』之事。台灣自有語文在壓霸、陰狠族群的蹂躪下被摧毀、被消滅，是台灣人永遠的傷痕，是痛心，但無奈。」

　　「難道台灣人在明白台灣史實真相而覺醒之後，還要繼續使用被蔣幫中國壓霸集團二次奴化洗腦後的語文嗎？」

　　氣聚靈：「這是不得已的。事實上，經過二百餘年漢人滿官的強迫漢化，台灣原平地住民都已習慣使用福佬和客家兩種轉化語言。原山地住民，也因封山令如被關在孤島監獄，各族群語言分別各自變遷，也已發展出較大的差異和分歧。在這種情況下，想要共同回復台灣原自有語言，不但窒礙難行，也易撕裂族群。其實，台灣歷經更壓霸的二次洗腦後，所使用的語文經過長達七十年的台灣本土化，已有異於任何古今的華人語文。台灣在回復完整的自主國度後，要稱現在所使用的語文為新台語或新台灣語文都可以，只要避免再被壓霸中國繼續影響，就可以維持自有的文化精髓。就是因為台灣人沒有澈底覺醒，所以還讓現代中國的特有怪異詞彙有機會正在滲透入台灣。什麼桑拿浴、方便麵、彩電、小帳、叫床、水平、公交站等，已偶而可在台灣見聞。日常生活習慣及日常用語的被同化，才是心靈隨其沉淪的起始因素。日本的現有語文，還是有一大部分的漢語文成份在，日本並沒有因而被中國同化。所以，多數台灣人覺醒後，應該重視的是，須知道要維護獨立自主的精神，不要再

讓現代中國的怪異用語和文化有機會再滲透台灣。保持區隔,即可去中國化。」

「但是,台灣既已恢復獨立自主的國度,卻仍沒有回復自有語文,甚至還要延用蹂躪台灣四百年的壓霸集團語文,台灣人如何自處呢?」

氣聚靈:「我說過,是痛心,是傷痕,但無奈。傷痕既已存在,要洗脫是難,勉強洗脫更加傷痛。所以我也說過,自在努力就好,切莫過度勉強。其實,世上本無永遠不變的語文,一種語文使用的人多了,自然較易演化成適應時代的需要。當一種語文先一步適應時代需要時,使用的人就會更多。更多人使用,此語文就更會符合時代需要。這是一種相乘性的循環。任何語言與文字沒有一成不變的,都會隨著時間而不斷消長。我們本來就不必過度計較語言文字的變遷。能使用符合自己文化精髓的原語文,當然最理想。而使用轉化語文,只要有持續本土化,也可以轉化成符合自己文化精髓的新語文。在國際村已深化下,國際往來頻繁,我們還是須要學習外國語文,尤其英文。學習英文、使用英文、瞭解異國文化,還是可以保有自主文化。要不要或會不會受影響,全在於自我意志的堅持。所以我說:最重要的還是,一定要先讓全體台灣人能夠澈底明白台灣史實的真相!」

　　「是沒錯。但是，如果台灣已恢復靈性智慧社
會的自主國度，全體台灣人又不怕困難，有共同的意
志，甘願付出代價，決心從殘存的台灣固有語言中整
理出一套能適合現代使用的語文呢？這種浩大工程，
近代的韓國和越南都曾做過。」

　　氣聚靈：「韓國和越南都曾被壓霸中國蹂躪過、
改造過，但其被破壞的程度不如台灣（Paccan），呈
現的局面也不像台灣（Paccan）這麼複雜，是較容易
重新整理出一套能自用的語文。當然，如果已恢復靈
性智慧社會的台灣，全體台灣人有共同的決心，要從
殘存的固有語言中整理出一套適合現代使用的語文，
那也不是壞事，也許更是長遠的好事。不過，那須
靜待屆時已恢復靈性智慧的全體台灣人去作共同的抉
擇。」

　　「瞭解了！」

第二十回 —————————————————

人類會走向永續的靈性
智慧社會或終將自取毀滅

　　氣聚靈：「嗨！你好！」

　　「氣聚靈你好！上回談到，只要台灣歷史實情
的證據完全被攤開，多數台灣人明白史實真相後必然
覺醒，台灣就能以台灣、Formosa或Paccan之正名建
立完整的國家，也可能恢復原Paccan智慧樂土的靈性
社會國度。以上就可能性的推論是合理，但是，在中
國壓霸集團的肆虐踐踏下，Paccan靈氣已飄蕩，多數
Paccan靈氣甚至飄渺。現在多數台灣人已被澈底洗腦
70年，錯誤認知的迷糊已形成普遍現象，要現今全體
台灣人重新認知台灣史實真相的證據已很困難，要回
復靈性社會的原智慧樂土國度就更難了。」

　　氣聚靈：「我說過，只要歷史實情的證據已

完全被攤開，大多數台灣人都明瞭史實真相而澈底
清醒，台灣就可以重建自主的獨立國度。以台灣
（Paccan）人原本的靈性智慧本質，靈氣可重新凝
聚，要回復原智慧樂土的Paccan（台灣）靈性社會國
度就比較容易。」

「推論上雖說是不會太難，我看還是相當困
難！」

氣聚靈：「還是難沒錯！所以，及早醒覺的台
灣人要努力！」

「可是你又說『要以平常心努力，不必勉
強』，這平常心之努力會有多大的成功率呢？」

氣聚靈：「靈性智慧之人的努力是為所應為，
不介意成功率有多大。若以算計成功率做為行動起
因，那是功利主義作祟，非靈性智慧的本質。」

「這樣講雖是沒錯，但是，七十年來台灣
（Paccan）人又再被蔣幫中國壓霸集團偽造歷史的二
次奴化洗腦，尤其眾多台灣聞達人士因深度漢化後
重症『斯德哥爾摩症候群』纏身，已率先養成『功
利為先，尊嚴放一邊』的習性，竟甘心跟著認盜作
祖。所謂風行草偃，誤導了多數台灣（Paccan）人，
使得一般台灣民眾更受到深化迷惑，拖累了多數台灣
（Paccan）人隨之沉淪。事實上，台灣聞達人士，已

成為台灣人想要覺醒、台灣想要回復完整自主國度的最大障礙（呆奴化的台灣人台灣史學者要負主要責任）。那麼，在這種情形下，如果多數台灣人在『台灣受虐症候群』（重症斯德哥爾摩症候群）的心理障礙下，終究無法面對台灣史實的證據，多數台灣人一直都不知覺醒呢？更何況，即使多數台灣人知道自己並非漢人後裔、不是華人，更不是中國人，台灣也已回復完整的自主國度，中國還是可能不斷於國際政治、經濟上打壓台灣，不論是以台灣、Formosa或Paccan之名，在現代功利主義社會的國際上必有困境。而且，被蔣幫中國壓霸集團二次奴化洗腦70年之後，不少台灣（Paccan）聞達人士隨之沉淪，已養成『眼前功利為先，靈魂尊嚴放一邊』的習性。一些人（多數是掌握政治、經濟主導權的聞達人士）仍可能接受中國的近利收買或欺騙，以至於做出傷害台灣之事，台灣要維護上回所談的完整自主國度，我看還是有一定的困難度在！」

氣聚靈：「若及早醒覺的台灣人已盡量努力，努力將台灣（Paccan）的史實證據一一列舉在眾人眼前，台灣人還繼續自己走到永不知覺醒的這一地步，或台灣人自己仍迷失於貪圖近利，而沒能維護已回復的完整自主國度，那表示，在大自然機緣與因緣的運

作下，是台灣人自己不知惜福，台灣人所承受的福份就只得以累進至此。既是機緣與因緣的無可避免，靈性智慧之人也只能坦然面對。所以我說過，若有率先帶動全體人類及早醒悟的希望和能量，今後可能先出現於世上任何地方，雖然也還是有機會在台灣重現！」

「若是如此，不覺遺憾嗎？」

氣聚靈：「遺憾？是可惜而已！世上可惜的事、物到處多的是，不要以為台灣可以得天獨厚。若存有遺憾之心，那靈性智慧之人或族群如何安享和樂之福呢？台灣既已曾享有Paccan數千年以上的智慧樂土之靈性福份，『成就帶動全體人類及早醒悟的希望和能量』，可能不再是台灣（Paccan）的因緣福份，更可能已是現今台灣（Paccan）人的責任了。六、七十年前，深度漢化的台灣聞達人士，『斯德哥爾摩症候群』纏身，認盜作祖，大膽主動剝奪了多數善良、平實台灣人的復國時機，且幫助蔣幫中國壓霸集團洗腦台灣（Paccan）人；而近五、六十年來，事實上就是呆奴化的台灣人自己要把國家讓給中國。所以，及早覺醒的台灣（Paccan）人需要努力才是，須先努力把台灣史實真相的證據完全攤開，讓多數善良、平實台灣人都明瞭台灣的歷史真相。若努

力不成，甚至於台灣（Paccan）不能復國，那是台灣
（Paccan）人自己不知清醒、自己放棄復國機會，是
真可惜，但很難說遺憾！及早覺醒的台灣（Paccan）
人，應瞭解須以平常心盡力，為所應為，努力而不勉
強，勉強無用。所以我說：『若有率先帶動全體人類
及早醒悟的希望和能量，今後可能出現於世上任何地
方，已不一定又會先出現在台灣！』」

　　「好吧！靈性智慧的個人或族群只要繼續努
力，是有成就智慧樂土之靈性社會國度的可能。然
而，即使及早擁有靈性智慧的個人或族群，已努力再
組成了靈性智慧社會的智慧樂土，也再成就了靈性智
慧社會的示範國度（不一定是台灣），雖然靈性智慧
之社會國度對壓霸集團是不具威脅性，但不少壓霸集
團已幾近瘋狂，為達成其狂妄野心，為了併吞智慧樂
土的國度以擴展勢力範圍，或是為了搶占地理優勢以
壯大其霸權，狂妄的壓霸集團，還是可能肆無忌憚的
佔領任何一個智慧樂土國度、蹂躪任何一個靈性智慧
社會。靈性智慧社會的國度是能以堅持『不合作』拒
絕壓霸族群的侵略，但壓霸集團貪婪不止，肆無忌
憚，狂妄的壓霸集團為了減低障礙、減少麻煩，還是
有可能會將靈性智慧社會之國度的族群隔離在集中
營，令靈性智慧社會的族群沒有喘息延續之機會。更

何況，滅絕式的族群屠殺也時有所聞，瘋狂的壓霸集團也有可能進行全面屠殺，滅絕智慧國度的靈性族群。類似的壓霸集團行徑都發生過，現代壓霸集團的貪婪野心未曾稍減，我真的沒信心期待現代壓霸集團會比過去展現較多的仁慈。那麼，人類想要藉由及早擁有靈性智慧的個人或族群，努力組成靈性智慧社會之示範國度，以引領全體人類過著謙虛、互助、平等、分享以及與自然環境和諧的自在、安詳、和樂生活之希望，也勢將落空。」

氣聚靈：「如果擁有靈性智慧的個人或族群，能夠及早努力組成了智慧樂土的靈性社會，並成就靈性智慧社會的示範國度，以基本人性看來，瘋狂的壓霸集團能夠肆無忌憚的集中隔離靈性社會族群，甚至全面屠殺、滅絕靈性智慧國度的機會不大。」

「能不能解釋清楚一些？」

氣聚靈：「貪婪不止、恃強欺凌的壓霸集團，其勢力內成員不外兩種人。一種是被迫順從如奴僕者，另一種是欲求分贓的共犯。若是被迫順從者，良知尚存，當壓霸集團泯滅人性，對全無威脅性的受害者進行全面凌虐甚至屠殺時，不忍、驚恐和疑懼湧現，被迫順從者心存戒心，被繼續利用的順從就產生矛盾，必顯得遲疑，甚至可能大舉逃亡或反抗。若是

欲求分贓的共犯，是一樣的貪婪、好鬥，必人人覬覦
壓霸得來的利益和權勢，集團隨時都有內亂的可能。
所以，壓霸集團泯滅人性的肆無忌憚，很難持久。」

　　「就以上分析，壓霸集團泯滅人性的肆無忌憚
是很難持久，但這很難持久的時間到底是多少時日
呢？一定是短到能讓智慧樂土的靈性社會國度倖存
嗎？」

　　氣聚靈：「自從人類有殘存『成者為王』之獸
性不受控制，繼而超越並壓制了人類原本依智慧增長
所孕育出的靈性，勝出的壓霸者自立為王，建立霸
權，奴役弱小，統領族群。霸權再掠奪資源，侵占弱
小族群的土地而壯大，貪婪不止。所以現代各主要國
家雖然都宣稱『民主政治』是普世價值，但至今仍是
權貴當道的表面民主。今日列強並立，較勁競爭，互
相心存疑懼，呈現的是不穩定的勉強平衡。遇有某一
方過分貪婪而進一步擴張侵略時，其他列強自會擔心
某一方會因而得到難以抗衡的優勢，自己將也可能隨
後遭殃。若壓霸集團泯滅人性的肆無忌憚，如身旁的
猛虎野獅，連不具任何威脅性之靈性社會國度的智慧
樂土都沒有機會能倖存，其他列強在自身安全的疑慮
下，必定聯合起來，以正義、人權、人道之名回報武
力制止。」

「以上理論還是有一個問題，那就是：如果沒有功利主義社會的列強存在，以抗衡人性泯滅的壓霸集團，智慧樂土的靈性社會國度，還是難以倖存。」

氣聚靈：「就名利、權勢當道的所謂現代文明而言，沒有功利主義社會的列強存在是不可能的。但反過來講，若真的能沒有功利主義社會的列強國度存在，那靈性智慧的社會必是早已遍佈世界各地，世上多數人懂得謙虛、溫和、互助、平等、分享以及與自然環境和諧共存，能享受安樂智慧的實在生活，那就必都懂得以堅持『不合作』應對壓霸集團。壓霸集團沒有從侵略中獲利再壯大的機會，貪婪無盡之壓霸集團可以在世上肆虐的時間和空間都將很快消失。靈性智慧社會的國度，當然也就沒有需要外力協助才得以存續的問題了。」

「但是，可以挽救人類免於自我毀滅的靈性智慧社會示範國度，竟然需要依靠功利主義權貴國家的保護或解危才得以存續！那不是很奇怪，更是諷刺嗎？這種論述存在著矛盾！」

氣聚靈：「是很諷刺，但不奇怪、也不矛盾。由於人類知識的普遍增長，雖然在功利主義瀰漫下，社會上各類型權貴更是充斥，然而多數人已不再信服世襲權貴。自第二世界次大戰後，表面民主已成為普

世公認的價值，以民主為名的國家社會才能穩定發展（雖然還都是以權貴共和的表面民主）。既是流行以民主為名，人權與人道漸受尊重。因此，得勢權貴雖是高高在上、自以為高人一等，為了得到多數人信服，仍會表現出一付重視人權、人道的人性樣子，這是人類知識隨著現代功利發展而普遍增長的必然結果。現代功利文明的運作對地球撒下之污染與毒害，人類已無法視若無睹；而且也逐漸有較多的人，能感受到權貴、巨賈、顯達在生命大限來臨之時才醒悟『浪費一生於無止境的爭奪虛榮、名利和權勢，何其不值』之悔恨與痛苦。若真見有智慧樂土的靈性社會國度，實實在在過著謙虛、溫和、互助、平等、分享以及與自然環境和諧的自在、安詳、和樂生活，雖然多數人還因身受功利主義根深柢固的影響而不能自拔，但仍然會對智慧樂土的靈性族群欽敬和佩服。所以，遇有某一方過分貪婪而擴張侵略、肆無忌憚時，其他各國除了因為擔心將來難以抗衡，怕隨後遭殃，會聯合起來以正義、人權、人道之名試圖對抗外；如果壓霸集團肆無忌憚的佔領，集中隔離不具威脅性的族群，甚至可能進行滅絕式的全面屠殺時，基於多數人類已懂得重視人權、人道的價值，以及對智慧樂土的靈性族群之欽敬，各國的領政權貴，為了標榜自己

確定認同正義、人權、人道的人性價值以獲得多數人的支持，雖是虛偽，也將會以正義、人權、人道之名，聯合起來，以武力制止暴虐的壓霸集團。這是現代功利文明運作必會有的表現，雖然實質上不免虛偽，但並不奇怪。另外，現今人類，雖然在功利主義瀰漫的社會，受名利、權勢迷惑而多數人難以自拔，但尋求安樂生活乃是人類既有的深層願景。多數人雖然自己無法完全戒除對名利的貪求，內心深處仍會對無名利罣礙之個人或族群的安和生活，有著羨慕式的憧憬。所以，如果及早擁有靈性智慧的個人或族群，能夠努力組成靈性智慧社會之示範國度，功利主義的權貴社會國家，除了在自身安全的疑慮下，不得不對抗壓霸集團肆無忌憚的侵略外，會想要出手替具靈性智慧的社會國度解危，更是基於人類既有的理性憧憬，也並不矛盾。」

　　「是沒錯！ 第一、第二次世界大戰之發生就是類似這樣的情形，雖然二者都只是因為各國擔心另一方肆無忌憚之擴張侵略，會導致將來難以與之抗衡的危險，還缺乏對智慧樂土之靈性社會國度的欽敬或羨慕式的憧憬。當然，若有智慧樂土之靈性社會國度存在，於遭遇被狂妄的壓霸集團肆虐時，基於人性所表現的欽敬和羨慕式的憧憬，功利主義之權貴國家是

更有可能出手相助。但是，現今各列強國家擁有更強悍的大規模毀滅性武器，若其他列強國家以正義、人權、人道之名，發起制止性武力對抗壓霸集團，其結果可不一定是智慧樂土之靈性社會國度的續存，也可能是第三次世界大戰。由於所謂現代文明的科技發展，世界主要強權都擁有大規模毀滅性武力，這第三次世界大戰帶來的結果，很可能是地球的全面毀滅。更何況，現代功利主義盛行、權勢當道、人類貪婪不止，甚至可能在擁有靈性智慧的個人或族群顯示出正面影響力之前，就已因列強爭奪利益和權勢而引發全面毀滅性的第三次世界大戰。那，以上這一切還是空談！」

　　氣聚靈：「你的疑慮也是沒錯！如果真是這樣的結果，那是人類的自作孽不可活。及早擁有靈性智慧的個人或族群還是全體人類的一份子，不能自外，當然須和全體人類一起承擔這人類造孽的惡果。至少，及早擁有靈性智慧的個人或族群，已有盡力試圖挽救，可以對得起機緣和因緣所賦予的靈性智慧，雖婉惜、無奈，就只好、也只能安詳地一同赴難了！」

　　「那就太可惜了！」

　　氣聚靈：「哈！人類若真的自己走到這一地步，那表示人類的反省能力實在不足，福份不夠，也

就不一定可惜了！宇宙浩瀚，機緣不定，事物無常，好壞難解。大自然的運行，自有其作為，非渺小人類所能輕易想像。講人定勝天，不是狂妄，就是無知。而且，若人類因自作孽而從宇宙中消失、滅絕，就整體宇宙而言，是好事或壞事，又有誰能明白？有誰能肯定？所以我說過，靈性智慧之人，瞭解應以平常心盡力，為所應為，努力而不勉強，勉強無用。靈性智慧之人，知道不該勉強。」

「真受教了！」

氣聚靈：「說受教並不恰當，你是受到提醒，得以一時醒悟而已！」

南台灣踏查手記

原著｜ Charles W. LeGendre（李仙得）

英編｜ Robert Eskildsen 教授

漢譯｜ 黃怡

校註｜ 陳秋坤教授

2012.11 前衛出版 272 頁 定價 300 元

從未有人像李仙得那樣，如此深刻直接地介入 1860、70 年代南台灣原住民、閩客移民、清朝官方與外國勢力間的互動過程。

透過這本精彩的踏查手記，您將了解李氏為何被評價為「西方涉台事務史上，最多采多姿、最具爭議性的人物」！

節譯自 *Foreign Adventurers and the Aborigines of Southern Taiwan, 1867-1874*
Edited and with an introduction by Robert Eskildsen

台灣經典寶庫6

C. E. S. 荷文原著
甘為霖牧師 英譯
林野文 漢譯
許雪姬教授 導讀

2011.12 前衛出版 272頁 定價300元

被遺誤的台灣 *Neglected Formosa*

荷鄭台江決戰始末記

1661-62年，
揆一牽領1千餘名荷蘭守軍，
苦守熱蘭遮城9個月，
頑抗2萬5千名國姓爺襲台大軍的激戰實況

荷文原著 C. E. S.《't Verwaerloosde Formosa》(Amsterdam, 1675)
英譯William Campbell "Chinese Conquest of Formosa" in 《Formosa Under the Dutch》(London, 1903)

回憶在滿大人、海賊與「獵頭番」間的激盪歲月

Pioneering in Formosa

歷險 福爾摩沙

台灣經典寶庫5

W. A. Pickering
(必麒麟) 原著

陳逸君 譯述 | 劉還月 導讀

19世紀最著名的「台灣通」
野蠻、危險又生氣勃勃的福爾摩沙

Recollections of Adventures among Mandarins,
Wreckers, & Head-hunting Savages

前衛出版
AVANGUARD

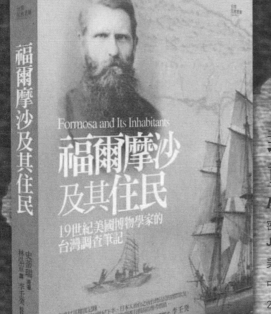

台灣經典寶庫 4

封藏百餘年文獻
重現台灣

Formosa and Its Inhabitants

密西根大學教授
J. B. Steere（史蒂瑞）原著

美麗島受刑人 **林弘宣** 譯

中研院院士 **李壬癸** 校註

2009.12 前衛出版　312頁　定價 300元

> 本書以其翔實記錄，有助於
> 我們瞭解19世紀下半、日本人治台
> 之前台灣島民的實際狀況，對於台灣的史學、
> 人類學、博物學都有很高的參考價值。
>
> ——中研院院士 **李壬癸**

◎本書英文原稿於1878年即已完成，卻一直被封存在密西根大學的博物館，直到最近，才被密大教授和中研院院士李壬癸挖掘出來。本書是首度問世的漢譯本，特請李壬癸院士親自校註，並搜羅近百張反映當時台灣狀況的珍貴相片及版畫，具有相當高的可讀性。

◎1873年，Steere親身踏查台灣，走訪各地平埔族、福佬人、客家人及部分高山族，以生動趣味的筆調，記述19世紀下半的台灣原貌，及史上西洋人在台灣的探險紀事，為後世留下這部不朽的珍貴經典。

甘為霖牧師原著

素描
福爾摩沙

Eslite
Recommends
誠品 選 書 | 2009.OCT 二〇〇九·十月

Wm Campbell

一位與馬偕齊名的宣教英雄，

一個卸下尊貴蘇格蘭人和「白領教士」身分的「紅毛番」

一本近身接觸的台灣漢人社會和內山原民地界的真實紀事……

譯自《*Sketches From Formosa*》（1915）

原來古早台灣是這款形！
百餘幀台灣老照片
帶你貼近歷史、回味歷史、感覺歷史……

前衛出版　　誠品書店

福爾摩沙
紀事
From Far Formosa
馬偕台灣回憶錄

19世紀台灣的
風土人情重現
百年前傳奇宣教英雄眼中的台灣

前衛出版
AVANGUARD

台灣經典寶庫
譯自1895年馬偕 著《From Far Formosa》

國家圖書館出版品預行編目資料

靈性／埔農著.
- - 初版.- - 台北市：前衛，2016.06
232面；21×15公分

　ISBN 978-957-801-804-4（平裝）

　1. 靈修

192.1　　　　　　　　　　　　105009253

靈性

作　　　者	埔農
責任編輯	番仔火
美術編輯	宸遠彩藝
出 版 者	台灣本鋪：前衛出版社

10468 台北市中山區農安街153號4F之3

Tel：02-2586-5708　Fax：02-2586-3758

郵撥帳號：05625551

e-mail：a4791@ms15.hinet.net

http://www.avanguard.com.tw

日本本鋪：黃文雄事務所

e-mail：humiozimu@hotmail.com

〒160-0008 日本東京都新宿區三榮町9番地

Tel：03-3356-4717　Fax：03-3355-4186

出版總監	林文欽　黃文雄
法律顧問	南國春秋法律事務所林峰正律師
總 經 銷	紅螞蟻圖書有限公司

台北市內湖區舊宗路二段121巷19號

Tel：02-2795-3656　Fax：02-2795-4100

出版日期	2016年6月初版一刷

定　　　價	新台幣300元

＊「前衛本土網」http://www.avanguard.com.tw

＊請上「前衛出版社」臉書專頁按讚，獲得更多書籍、活動資訊
　http://www.facebook.com/AVANGUARDTaiwan